W0233460

DUMONT
DIREKT

Kopenhagen

Hans Klüche

Inhalt

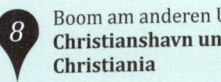

Das Beste zu Beginn

Stadttour für ›Tip‹
Die Guides von **Copenhagen Free Walking Tours** kennen Kunst wie Trash und wollen nur ein Trinkgeld. Ein klassischer Bildungsrundgang, aber auch Christiania oder Pub Crawling stehen auf ihrem Programm, gute Stimmung sowieso: www.copenhagenfreewalkingtours.dk.

Kids lieben die Metro,
...vor allem Plätze hinter der Panorama-Frontscheibe – ein Knaller! Von Kongens Nytorv unter dem Hafen hindurch nach Christianshavn saust der Zug wie eine Achterbahn durch den Untergrund, weiter draußen wird's überirdisch – wie die Fahrt in die Zukunft nach Ørestad (▶ S. 60).

A ›Copenhagen‹, please!
Er ist jung, per Wettbewerb kreiert, damit Kopenhagen seinen Cocktail bekam wie New York den Manhattan. Rein kommt: 5 cl Genever, 2 cl Cherry Heering Liqueur, 2 cl Zitrone, 2 cl Zuckersirup, ein Schuss Angostura Bitter. Alles mit Eis geschüttelt und ab in die Cocktailschale. Liebste Cocktailbar: **K Bar** von Kirsten Neergaard Holm (▶ S. 106).

Dine with Danes
Die Nielsens oder Jensens haben keine Speisekarten und kochen dänisch eher typisch als trendy: www.meetthedanes.dk vermittelt Besuche bei Dänen zum **Mittag- oder Abendessen,** www.meetgaycopenhagen.dk bei schwulen oder lesbischen Gastgebern. Um Interessen und Sprachkenntnisse zusammenzubringen, sollte man früh buchen (ca. 500 DKK für drei Gänge mit Wein/Bier).

Alkohol ist teuer! Klar!
Steuern verhindern, dass es billigen Fusel gibt, aber je höher die Qualität, desto eher macht man ein Schnäppchen beim Schnäpschen: **Vinoble Skt. Petri** (🔒 Karte 2, F 5) hat gut 500 Whisk(e)ys, Rum aus zwei Dutzend Ländern, Akvavit kleiner Brennereien und rund 2000 verschiedene Weine in den Regalen.

Spaziergang mit Kalorienüberschuss …
Hier ein Smørrebrød, da ein Öko-Ziegen-Pølser, ein Craft-Bier oder Fruchtprosecco, eine Luxuspraline – und während man von Genuss zu Genuss spaziert, kennt Maria Beisheim Tausende Geschichten um Essen und Trinken, um alte wie neue nordische Küche. Maria ist Archäologin, Spezialgebiet Nahrung, und Mitinhaberin wie Chef-Guide von **Copenhagen Food Tours** (▶ S. 92) – don't miss her!

Seebad Kopenhagen
Havnebade, Ponton-Hafenbäder, dümpeln mitten in der Stadt wie vor **Islands Brygge** (🗺 F/G 7). Offiziell darf man zudem an markierten ›Badezoner‹ ins Hafenwasser springen, aber im Jahrhundertsommer 2018 war praktisch der ganze Innenhafen ein riesiges Freibad.

35 Meter über den Dingen
Er steht unübersehbar an der Købmagergade: Der **Rundetårn** (🗺 Karte 2, F 5). VIPs wurden früher mit der Kutsche hinaufgekarrt, Sie müssen laufen: Aufwärts geht's per stufenlosem Wendelgang, siebeneinhalb Drehungen. Bonus an Winterabenden: Oben kann man aus dem ältesten Observatorium der Welt – seit 1642 in Betrieb! – in die Sterne schauen: www.rundetaarn.dk.

Sie treffen mich am Hafen mit dem Gewusel der Ausflugsschiffe, Kreuzfahrtgiganten, Wasserbusse, Kajakfahrer und Hobbysegler, und wenn es richtig heiß ist, gern auch in einem Havnebad. Oder ich stehe zum 1000. Mal bei der Meerjungfrau, weil die eben auch einen schönen Platz am Wasser hat.

Erfahrungen oder Ideen?
Ich freue mich auf Post.

Mein Postfach bei DuMont:
klueche@dumontreise.de

Das ist Kopenhagen

Kopenhagen ist eine der ältesten Hauptstädte der Welt – und eine der modernsten. Im Zentrum residiert eine 1000 Jahre alte Monarchie, am Rande entsteht eine Zukunftsstadt. Kopenhagen ist überschaubar, doch bei Kunst, Kultur und Lifestyle mit großen Metropolen auf Augenhöhe. Es kann volkstümlich sein, elegant, nordisch gelassen oder im Rhythmus neuer Trends bebend. Die Stadt ist Politik-, Kultur-, Medien-, Bildungs-, Justiz- und Wirtschaftszentrum Dänemarks, hat die größte Uni, die wichtigste Bibliothek, die einflussreichsten Medien, die bedeutenden Museen, Theater und Musicalbühnen. Die neue Oper prägt die Hafensilhouette ähnlich markant wie das weltberühmte Pendant in Sydney. Die dortige Oper hat übrigens ein Kopenhagener entworfen, Jørn Utzon, der natürlich auch in seiner Heimatstadt Spuren hinterließ – Architektur und Design gehören zum Image der Stadt.

Fensterplatz zur Begrüßung

Die schönste Annäherung an die dänische Hauptstadt erlebt man am Morgen von See her, wenn die alten Turmspitzen im Wettstreit mit den Glasfronten moderner Architektur in ersten Sonnenstrahlen aufglühen. Dieser Anblick ist den Passagieren der Kreuzfahrtschiffe vergönnt, die in Kopenhagen den wichtigsten Anlaufhafen in Nordeuropa haben – kein Sommertag vergeht, an dem die schwimmenden Luxushotels nicht Tausende Besucher in die Stadt bringen. Wer mit dem Flieger einschwebt, erkennt ebenfalls, wie verzahnt Meer und Stadt sind, sieht Strände und jenen Sund, der quer durch die Stadt den Hafen formt. Highlight für alle am Fenster ist Øresundsforbindelsen mit der gigantischen Brücke, die Kopenhagen mit Malmö in Schweden zu einem der wirtschaftlich, intellektuell und kreativ stärksten Ballungszentren Europas verknüpft. Fast vier Millionen Menschen leben auf beiden Seiten des Øresund, etwa 17 000 pendeln meist zwischen billigem Wohnen in Schweden und gut bezahlten Jobs in Kopenhagen – im Normalfall reist man in kaum mehr als 30 Minuten mit dem Zug von Zentrum zu Zentrum. So ist Kopenhagen für weit mehr Menschen Metropole, als die Statistik mit je nach Zählweise gut 600 000, rund 700 000 oder über 1,2 Mio. Einwohnern ahnen lässt.

Über den Dingen

Zwei ungewöhnliche Türme erlauben Aussichten: Schwindelfreiheit verlangt der Hafenpanorama-Blick vom Turm der Vor Frelsers Kirke, zu dessen Spitze sich eine äußere Wendeltreppe hinaufwindet. Ein innerer Spiralgang führt auf den Rundetårn, bis man mitten über dem Zentrum steht. Unten entdeckt man im Netz der Fußgängerzonen und Altstadtgassen internationale Haute Couture ebenso wie Designermode, die in der Stadt entsteht. Label wie ›Baum und Pferdgarten‹, ›Munthe‹, ›Stine Goya‹, ›Day Birger et Mikkelsen‹ verkaufen sich mit skandinavisch geprägtem, urbanem Stil auch in Paris, Moskau oder New York – alle haben in Kopenhagen Brandshops.

*Ganz romantisch zeigt Kopenhagen seine maritime Seele in den Kanälen von Chris-
tianshavn, wo auch Freizeitskipper gern festmachen.*

Der Hype ums Essen

Über keiner Stadt Skandinaviens leuchten so viele Michelin-Sterne – 19 für
15 Restaurants in 2018. *Nordisk Mad,* die neue nordische Küche mit ihrem
Dogma der lokalen Rohware, macht Kopenhagen zum Gourmet-Hotspot.
Köche werden hofiert wie Popstars und zum Hype passen die Markthal-
len – Torvehallerne sind Kopenhagens laut pochendes, kulinarisches Herz.
Pekuniärer Kontrast zu den gastronomischen Gipfeln: Copenhagen Street
Food – Reffen bietet mit über 50 spannenden Multikulti-Imbiss-Containern
einen Parforceritt durch die Küchen der Welt, cool am Hafen gelegen.
Nach dem Essen dann irgendwo zum Jazz – Kopenhagen ist eine Hoch-
burg!

Ganz der Süden

Nicht nur wegen der geografischen Lage gilt Kopenhagen als südlichste
Hauptstadt Skandinaviens: An heißen Tagen und in lauen Nächten wider-
spricht es jedem Klischee vom kühlen Norden. Straßencafés füllen sich
vom Frühstück bis zum nächtlichen Absacker, durch den Hafen paddeln
Kajakfahrer oder SUP-Surfer, Bikini-Girls toben beim Wasserpolo, neugierig
beäugt von coolen Jungs, die sich auf Strandliegen räkeln. Nirgendwo
wirkt Kopenhagen charmanter als am Stichkanal Nyhavn. Auf seiner
Sonnenseite reihen sich Bars, Kneipen, Restaurants und letzte Relikte des
alten Milieus zur längsten Theke der Stadt. Hier hört man alle Sprachen
der Welt, aber auch viel Dänisch, denn die Kopenhagener überlassen ihre
Stadt nirgendwo ganz den Besuchern, allenfalls ein paar Meter Promenade
vor der kleinen Meerjungfrau. Die Lady mit scheuem Schulterblick und
Fischschwanz ist Kopenhagens Wahrzeichen Nr. 1. Nicht weit weg hockt
ihre genmodifizierte Schwester. Für mich Symbol eines modernen, sich
romantischen Klischees widersetzenden Kopenhagen und für eine augen-
zwinkernde Respektlosigkeit, die die Stadt so spannend macht.

Kopenhagen in Zahlen

1

Unterwasserskulptur sitzt im Slotsholmskanal: Agnete und der Wassermann. Die größte Unterwasserskulptur der Welt liegt übrigens vor den Bahamas im Wasser.

2

selbstständige Städte – Frederiksberg und Kopenhagen – bilden, was viele als Kopenhagen wahrnehmen.

3

Havnebade, Hafenbadeanstalten, dümpeln im Kopenhagener Hafen, weil's Wasser so sauber ist.

10

Oberbürgermeister führten Kopenhagen seit Einführung des Amtes 1938, neun Sozialdemokraten und eine Sozialistin, die regierte aber nur zwei Tage.

15

Schlösser gibt's in der Region Hovedstaden, vier davon im Kopenhagener Zentrum, eins in Frederiksberg.

37

Stationen hat die Metro mit Eröffnung der Ringlinie im Sommer 2019, weitere acht sollen bis 2024 entstehen!

86,4

km² ist die Stadt Kopenhagen groß, das eingebettete Frederiksberg 8,71 km². Zum Vergleich: Berlin hat 891,7 km².

175

kg wiegt Kopenhagens Meerjungfrau – dafür hat sie eine prima Figur.

364

Kreuzfahrtschiffe mit etwa 900 000 Passagieren – etwa ein Drittel Deutsche – legten 2018 in Kopenhagen an. Bisheriger Schiffsrekord war 2012 mit 376 anlaufenden Meeresgiganten.

467

km soll das Netz der 28 ›Super-cykelstierne‹, der für Radfahrer optimierten Radschnellwege, 2025 betragen. 2015 verdrängte Kopenhagen erstmals Amsterdam im weltweit wichtigsten Ranking fahrradfreundlicher Städte von Platz 1 und hatte auch 2017 das Rad vorne.

475

DKK, ca. 64 €, kostet maximal ein Tag legales Parken an einer Kopenhagener Straße, aber nur 75 DKK in Frederiksberg.

820

m ist der kürzeste Abstand vom Kopenhagener Rathausplatz ins selbstständige Frederiksberg.

1200

Gebäude brannten bei zwei Stadtbränden 1795 und 1807 nieder, darunter der alte Dom – der Wiederaufbau brachte den Klassizismus in die Stadt.

2000

Bycykler, Stadträder, warten an über 100 Stationen auf Pendler und Touristen. Im doppelt so großen München rollen rund 800 ›MVG-Räder‹ weniger.

5974

Menschen mit deutschem Migrationshintergrund lebten Mitte 2016 in Kopenhagen und Frederiksberg.

78 568

Likes hatte die Stadt Ende Oktober 2018 auf Facebook: www.facebook.com/koebenhavns kommune. Tendenz: steigend!

104 410

Frederiksberger sind am 1. Januar 2018 von etwa 615 000 Bewohnern der Københavns By umzingelt – zusammen 717 698 Menschen und damit etwas weniger als in Frankfurt.

1,34

Mio. km werden pro Werktag in der Stadt geradelt.

Was ist wo?

Bis in die frühen 1990er-Jahre hieß es in Kopenhagen ›In i byen‹, wenn man etwas sehen oder erleben wollte: rein ins Zentrum. Inzwischen mauserten sich die Brückenviertel zu lebenswerten Kiezen jenseits der historischen Wälle, deren Lage der Straßenzug Øster-, Nørre- und Vestervoldgade noch andeutet. Wer diese Wallstraßen überwindet, erlebt ein Kopenhagen authentischer als in der City.

Das Zentrum

In der **Indre By** (📖 Karte 2, G 5) verbinden Strøget, die Mutter aller Fußgängerzonen, und ihr Ableger Købmagergade den quirligen Rådhuspladsen mit dem herrschaftlichen Kongens Nytorv und der ständig von gehetzten Pendlern gefüllten Bus-, Metro- und S-Bahn-Station Nørreport – allesamt Knoten des öffentlichen Nahverkehrs. Aber bevor man dort einsteigt, ist vieles fußläufig zu erreichen, wie das **Latinerkvarter** (📖 Karte 2, F 5) mit seinen Bars und Bücherstuben um Uni und Dom, Kopenhagens Wiege **Snarens Kvarter** (📖 Karte 2, F/G 5) und die längste Theke der Stadt am Nyhavn ebenso wie Museums-Highlights von Nationalmuseet bis Statens Museum for Kunst, Schlösser wie Rosenborg mit den Kronjuwelen oder Christiansborg, der Koloss der Macht, mit Parlament und Regierung unter einem Dach. Kopenhagen ist so kompakt, weil es vom Mittelalter bis ins frühe 19. Jh. von Wällen eingeschnürt war. Aus denen wurden Grünanlagen, einen nutzt der **Tivoli**, Inbegriff des Vergnügungsparks. Die am besten bewahrte Befestigungsanlage Kastellet stößt dort an den Hafen, wo die kleine Meerjungfrau, *Havfruen*, am Ufer hockt. Zwischen Kastellet und Zentrum markiert Schloss Amalienborg, Stadtresidenz der Königsfamilie, den Mittelpunkt des Viertels **Frederiksstaden** (📖 H 4/5) – Pracht in Rokoko.

Die Brückenviertel

Im 19. Jh. schossen vor den alten Wällen Arbeiterquartiere im Dampfhammertakt der Industrialisierung aus dem Boden: **Østerbro** (📖 F/G 2/3) war immer etwas feiner, **Vesterbro** (📖 D 7) lange ein Junkie- und Rotlichtviertel, **Nørrebro** (📖 D/E 4) eine wilde Hausbesetzer-Hochburg. Längst aber sind die ›Brokvarter‹ hippe, bunte Mikrozentren mit Shops, Kneipen, Clubs und Restaurants, so um die alten Schlachthöfe am Hotspot **Kødbyen.** Eigenen Stil – bürgerlicher, reicher, edler – zeigt **Frederiksberg** (📖 A–D 4–6) das sich wie ein Keil zwischen Vesterbro und Nørrebro ans Zentrum heranpirscht, immer schon edler und reicher. Besucher nehmen es eher als Viertel von Kopenhagen wahr, denn als selbstständige 100 000-Einwohner-Gemeinde.

Aufbruch am Hafen

Ende des 20. Jh. entdeckte Kopenhagen das Potenzial seiner maritimen Seele, den Hafen. Bewahrenswertes wurde saniert, daneben moderne Glaspaläste für Büros, Hotels und sündhaft teure Luxuswohnungen gesetzt. Symbol des Wandels ist die Oper mit ihrem markanten Dach direkt gegenüber Schloss Amalienborg auf **Holmen** (📖 J/K 4/5). Dort räumte Dänemarks Marine in den 1990ern einen Flottenstützpunkt, ließ aber einige Schiffe zum Besichtigen, 50 ha Land sowie 40 denkmalgeschützte Bauten zurück. Viele Ausbildungsstätten für Kreative zogen ein. Weiter zum Øresund streckt sich **Refshaleøen** (📖 K 2–4), ein Dschungel alter Industriebauten und -brachen im Wandel zum Livestyle- und Kreativviertel mit experimentellen Theatern, Galerien, Kunsthandwerkerstudios und Gastronomie von Streetfoot bis Gourmet – am Rande fand auch das weltberühmte NOMA eine neue Heimat.

Ein Hauch Amsterdam

Holmen und Refshaleøen profitieren von neuen Fahrrad- und Fußgängerbrücken, über die das Leben der Innenstadt nach **Christianshavn** (📖 H/J 6) schwappt. Das Mini-Amsterdam am Christianshavns Kanal bauten Holländer im 17. Jhs. und etwas abseits der romantischen ›Grachten‹ wird sogar gekifft wie in Amsterdam: Die freche Freistadt **Christiania** (📖 J 6) pfeift seit Jahrzehnten auf die Obrigkeit: Ein Kind der Hippiezeit ist sie nach wie vor: schrill, unangepasst und beim Umgang mit weichen Drogen eher locker als legal – immerhin neben Tivoli und Meerjung-

frau wohl Kopenhagens meistbesuchte Attraktion.

Abstecher in die Moderne
Rollt man von Christianshavn den Panorama-Hafenradweg ›**Havneringen**‹ südwärts, wechselt die Szenerie. Sanierte Industriebauten spiegeln sich in Fassaden futuristischer Glassilos: **Islands Brygge** (📖 F/G 7/8) hübscht sich auf vom Industrie- und Arbeiter- zum Wohn-, Dienstleistungs- und Forschungsviertel. Davor dümpelt ein Havnebad, ein Hafenbad, und signalisiert: »Hallo! So sauber ist Kopenhagen, wir können sogar im Hafen baden!« Lässt man Islands Brygge hinter sich, erreicht man an der neuen Uni vorbei **Ørestad** (📖 außerhalb G/H 8), die neue Mitte für den Ballungsraum Kopenhagen–Malmö. Das ist Moderne pur, kreiert von der Elite dänischer wie internationaler Architekten. Dann ist es nur noch ein Katzensprung zum Øresund mit dem künstlich angelegten Wassersportparadies Amager Strandpark und Dänemarks Nationalaquarium ›Den Blå Planet‹ – Kopenhagen zeigt gerne Meer.

Augenblicke

Musik und Meer

Kopenhagen liebt den Jazz und zeigt gern seine maritimen
Seiten. Wunderbar fusionieren beide Elemente bei diesem
Konzert im Rahmen des jährlichen Jazzfestivals im Foyer des
Schauspielhauses mit Blick auf Hafen und Oper.

Kopenhagen kann Badeort,

was dieser mutige – oder übermütige? – Springer vor dem Ofelia Plads demonstriert. Kopenhagen kann aber auch Alpenresort, denn der futuristische Copenhill, der im Hintergrund Dampf macht, ist Kopenhagens neue Müllverbrennungsanlage mit Ganzjahres-Skipiste, Weltrekord-Kletterwand, Bergwanderweg und einem Aussichtslokal auf dem Dach.

Pausenhof der City

Der eigentliche Stadtkern Kopenhagens hat wenig Grün, aber nur ein paar Schritte weiter gibt es einen grünen Ring, und vor allem der Kongens Have neben Schloss Rosenborg ist ein populärer Pausenplatz für alle, die in der City leben, arbeiten und studieren.

Ihr Kopenhagen-Kompass

#2

Auf den Häufchen des Mittelalters – **Snarens Kvarter**

#3

Klamotten, Küchen, Kirchen – **Kontraste im Latinerkvarteret**

SO GENAU WILL MAN DAS GAR NICHT WISSEN

#1

Shoppen auf dem Strich – **Strøget**

KOPENHAGEN GOES BLUES

Kann man GLÜCK kaufen?

WOMIT FANGE ICH AN?

ICH BIN TOURIST, HOLT MICH HIER RAUS!

#15

Das kennt kaum einer – **Flakfortet**

Davon schwärmst du dein Leben lang!

Mit Knete – durchs Museum

#14

Kunst(t)raum am Øresund – **Louisiana**

bewegte und bewegende Bilder

#13

Kunst, Kronen, Kino – **das Viertel der Parkmuseen**

#12

Museumsdreieck – **Glyptotek, Nationalmuseum, Bymuseum**

 # 4

Alles etwas edler –
**bei den Royals in
Frederiksstaden**

Das wär die Krönung:
MARY LIVE SEHEN!

 # 5

Hyggen und kreischen
seit 1843 – **Tivoli**

Ohhh, wie *romantisch*

COOL:
Die ganze Geschichte von Königreich
und Welt als Teppiche an der Wand

 # 6

Möge die Macht
mit dir sein –
Slotsholmen

DIE MEERJUNGFRAU
HAT 'NE SCHWESTER?

 # 7

Klein, schwer und
ziemlich sexy – **auf
zur Meerjungfrau**

Endlich VIPs besuchen!
»Oh, die sind ja alle tot«

MAL DIE UFER
WECHSELN

 # 8

Boom am anderen
Ufer – **Christianshavn
und Christiania**

KLEIN-
DUBAI
AM
SUND

Noch 'ne Stadt als *Bonus!*

 # 9

Autonome toben,
Promis ruhen –
Nørrebro

 # 11

Panoramafahrt in die
Zukunft – **Ørestad**

 # 10

In der anderen Stadt –
Frederiksberg

1

Shoppen auf dem Strich – **Strøget**

Immer wieder irrten Besucher auf der Suche nach Strøget über Strøget, bis der ›Rufname‹ auf den Straßenschildern erschien. Genau genommen besteht der ›Strich‹, der sich mehr als einen Kilometer durch Kopenhagens Herz zieht, aus vier kurzen Straßen und zwei quietschlebendigen Plätzen – alle mit eigenen Namen.

Die US-Modemarke Marc Jacobs macht Promotion für ihre Duftlinie »Daisy« auf dem Amagertorv. Da freuen sich die Mädels bei der Shoppingtour, dass sie eine Daisy bekommen.

›Strøget‹ ist Shopping- und Flaniermeile mit Brandshops bekannter Modemarken, Edelkaufhäusern, Trendcafés und Geschäften voller Design, aber auch mit Souvenirläden voll Kitsch, Trash und Meerjungfrauen, Ketten-Boutiquen mit wöchentlich neuer Kollektion, aufdringlichen Kneipen und einfachen Büfett-Restaurants. Abends unterhalten Pantomime, Jongleure und Straßenmusiker die Bummler. Zum Rathausplatz hin, der mit nächtlicher Neonreklame und neogotischem **Rådhus** `1` im Siena-Look als ein Mix aus Times Square und Toskana daherkommt, zeigt sich Strøget eher laut und billig.

Goldäpfel für die Königin

Am **Gammeltorv** umlagern umschlungene Pärchen und müde Touristen den ältesten Springbrunnen der Stadt: **Caritasbrønden** `2` wurde 1608 mit der Verspieltheit der Renaissance angelegt, später verlöteten Puritaner die Düsen in den Brüsten der Caritas und der Junge, den sie an der Hand hält, musste sich das Pinkeln verkneifen – heute ist aber alles wieder spritzig wie am ersten Tag. Zu besonderen Anlässen, wie dem Geburtstag der Königin am 16. April, tanzen vergoldete Kupferkugeln auf den Fontänen – goldene Äpfel sollten es der Tradition nach eigentlich sein.

Glück zu kaufen: Hygge-Accessoires

Fliegende Händler und Straßenmusiker belegen gern die Bänke vor den schmiedeeisernen Gittern, die den Kirchhof der **Helligåndskirke** `3` von Strøget trennen. Die ursprüngliche Kirche ging beim großen Stadtbrand 1728 in Flammen auf, der jetzige Bau ist eine Rekonstruktion. Nur das anschließende **Helligåndshuset** ist als einziger Flügel eines mittelalterlichen Klosters aus dem 13. Jh. erhalten und heute eines der ältesten Gebäude der Stadt, gern genutzt für antiquarische Buchauktionen. Unmittelbar bevor man die Kirche erreicht, kauft man im Schnäppchenmarkt **Søstrene Grene** `i` das, von dem man vorher nicht einmal ahnte, dass man es überhaupt braucht. Auf jeden Fall gibt's hier reichlich Accessoires für glücklich machende ›Hygge‹.

Die gute Stube der Nation

Der Amagertorv, auf dem früher die Bauern von Amager Markt hielten, gilt als gute Stube der Nation. 1828 warteten hier die ersten Droschken auf Fahrgäste, heute sind es **Rikschas** `1`. **Storkespringvandet** `4`, den 1894 aufgestellten Storchenbrunnen, lassen Scherzkekse gern mit einer Handvoll Waschpulver aufschäumen! Nach Osten schaut man zwischen ›Norden‹ und ›Europa‹ – zwei populäre Strøget-Cafés – über den **Højbro Plads** mit dem Denkmal des axtschwingenden Bischofs und

H
HYGGE

Das Glück hat einen Namen: **Hygge** nennt sich jene Variante der Gemütlichkeit, die laut diverser Rankings die Dänen immer wieder zu den glücklichsten Menschen der Welt macht.

Will man sich in der Stadt verabreden, ist **Storkespringvandet** `4` *auf dem Amager Torv immer die erste Wahl – jeder Kopenhagener kennt den Storchenbrunnen und den Platz. Während Sie warten, schauen Sie sich die Vögel, die Bildhauer Vilhelm Bissen 1894 modellierte, etwas genauer an: Ob es nicht eher Reiher sind, hat man Jahrzehnte diskutiert und sogar die Stadt verbreitete die Reiher-Mär, bis sich ein Experte der Sache annahm: Es sei zwar nicht leicht zu erkennen, gestand der Ornithologe, aber es sind Störche. Basta! Welch ein glückliches Volk, das keine größeren Probleme hat!*

DRINGEND

Müssen Sie mal?
Die 1902 unter dem
Amagertorv angelegten
öffentlichen Toiletten
sind Perlen des Jugend-
stils, widersprechen
jedem Klischee einer
Öffentlichen, riechen gut,
sind sauber und echte
Sehenswürdigkeiten.
Gute Verrichtung!

**UNTERIR-
DISCH**

Kopenhagen macht sich
seit Jahren ›øko‹ für das
Ziel, 2025 erste CO_2-neu-
trale Metropole der Welt
zu sein. Dafür geht Mitte
2019 unter dem Zentrum
die 15,5 km lange
Metrolinie **Cityringen**
in Betrieb mit 15 neuen
Stationen. Von denen
liegen Rådhuspladsen,
Marmorkirken und
Gammel Strand im
touristischen Kerngebiet.
Auch Kongens Nytorv –
Knotenpunkt der beiden
alten mit der neuen Me-
trolinie – war lange von
Bauzäunen dominiert.
2020 und 2024 sollen
noch zwei Verlängerun-
gen in die Peripherie
fertig werden, aber deren
Bau betrifft das Zentrum
kaum. Aktuelles zur
Metro: www.m.dk.

Kopenhagen-Gründers Absalon hinweg auf Schloss
Christiansborg. Schaut man von der Brücke, die zu
Dänemarks Machtzentrum hinüberführt, ins Wasser, erahnt man auf dem Grund des Holmenskanal
die Unterwasserskulptur **Agnethe og Havman-
den** 5. Die Menschenfrau und der Wassergeist sind
Figuren aus einem alten Volkslied.

So geht Stil auf Dänisch

Drei berühmte Läden des Danish Design säu-
men die Westseite des Amagertorv: Das **Illums
Bolighus** 2 bietet den Überblick auf höchstem
Design-Niveau. Der Flagship-Store der Porzellan-
manufaktur **Royal Copenhagen** 3 sticht durch
seine Renaissancefassade heraus. Das blaue,
handbemalte ›Musselmalet‹-Geschirr ist seit 1775
im Programm und Teil des dänischen Kulturerbes.
Nebenan wartet die Silberschmiede **Georg Jensen** 4 mit Schmuck, Silberantiquitäten und viel
zeitlosem Design in Edelstahl auf Kunden.

Sushi meets Smørrebrød

Wollen Sie einmal auf königlich Kopenhagener
Geschirr und mit Georg-Jensen-Besteck Kaffee
und Kuchen genießen, oder Smushi? Das Sand-
steinportal rechts am Royal-Copenhagen-Shop
gibt den Durchgang zum **Royal Smushi Café** 1
frei. Drinnen zeigt sich ein spannender Mix aus
Modernismus und Traditionen – achten Sie auf
die Gemälde, alle haben einen kleinen Gag, der

*Dänisch-japanische Freundschaft: Rud Christiansen,
Kopenhagens Kult-Kaffeeröster, fusionierte Smørrebrød und Sushi zum Smushi: Guten Happentit!*

Cityplan: Karte 2, F/G 5/6 | **Metro/Busse:** alle bis Rådhuspladsen oder Kongens Nytorv

INFOS/ÖFFNUNGSZEITEN

Kernöffnungszeiten in den Fußgängerzonen: Mo–Sa 10–18, Fr –19/20, einige auch So 11–16 Uhr
Gamle Scene 6: Kongens Nytorv, Führungen dän./engl. (s. www.kglteater.dk), 120 DKK, Tickets übers Ticketcenter (▶ S. 111)
Kunsthal Charlottenborg 7: Nyhavn 2, www.charlottenborg.dk, Di–So 11–17, Mi –20 Uhr, 90 DKK/ab 16 Jahre, Mi ab 17 Uhr gratis

HYGGE, DESIGN & MODE

Søstrene Grene 1: Amagertorv 24
Illums Bolighus 2: Amagertorv 10, www.illumsbolighus.dk
Royal Copenhagen 3: Amagertorv 6, www.royalcopenhagen.com
Georg Jensen 4: Amagertorv 4, www.georgjensen.com
Illum 5: Østergade 52, illum.dk, Restaurants Mo–Sa 10–24, So 11–18 Uhr
Birger Christensen 6: Østergade 38, www.birger-christensen.com
Samsøe & Samsøe 7: Pilestræde 8C, www.samsoe.com

Designers Remix Collection 8: Pilestræde 8D, www.designersremix.com
Bitte Kai Rand 9: Pilestræde 26, www.bittekairand.com
By Malene Birger 10: Antonigade 10, www.bymalenebirger.com

HÜFTGOLD DE LUXE

Royal Smushi Café 1: Amagertorv 6, www.royalsmushicafe.dk, Mo–Sa 10–19, So 10–18 Uhr, Smushi ab ca. 60 DKK, als Tripple wird's billiger.
Konditori LaGlace 2: Skoubogade 3–5, 1158 Køb K, www.laglace.dk. Nur in geringen Dosen kompatibel mit der Mode sind Torten und anderes Hüftgold aus der Konditorei, die seit 1870 die Kopenhagener verführt. Mein Favorit: ›Karen Blixen‹: Kaffee-Käse-Creme über Schokoboden und Mokkatrüffel.

ASIEN GRÜSST

Rikschas 1: Innenstadt: A to B oder Sightseeing-Touren, ab 250 DKK/30 Min.: Flying Tigers Cykeltaxa, www.flyingtigers-cykeltaxa.dk, T 26 18 58 00

Kopenhagens Antwort auf das KaDeWe und Harrods: das Illum!

► **LUXUS & LESESTOFF**

»Die Wohnung hier ist sehr hübsch, aber es fehlen alle aparten Züge«, schrieb **Theodor Fontane** 1864 nach einem Aufenthalt im **Hotel d'Angleterre** 🔟, trotzdem ließ er später **Effi Briest** hier mit Innstetten literarisch Quartier nehmen. Würde er es wiedererkennen? 2013 öffnete die Promiherberge – Helmut Kohl, die Stones, Cameron Diaz, Bill Clinton, Margaret Thatcher und Grace Kelly wohnten hier – nach zweijähriger Umbauzeit wieder als klassizistischer Palast mit Pracht und Pomp. Eines der luxuriösesten und besten Hotels in Nordeuropa mit Suiten bis 250 m² Wohnfläche und dem Restaurant Marchal, über dem seit 2015 ein Stern strahlt (Kongens Nytorv 34, T 33 12 00 95, www.dangleterre.dk, Mittagsmenü ab 375 DKK, die Kaviar-Töpfchen mit Buchweizen-Blinis und Rührerei liegen je nach Sorte mal etwas, mal deutlich darüber; ab ca. 4000 DKK mit Frühstück).

sie als Fakes entlarvt. Der kreative Kopf dahinter ist Rud Christiansen, ein Kaffee-Maniac, immer auf der Suche nach der idealen Bohne und der perfekten Röstung, aus denen seine Barista dann Kaffeespezialitäten zaubern. Und da die Dänen mittags gern herzhaft zubeißen, fusionierte Rud Smørrebrød und Sushi zum Smushi – kunstvoll drapierte Mini-Schnittchen im Canapé-Stil.

Edel-Strich mit Weltmode

Das **Illum** 🛍 erfindet sich seit der Eröffnung 1891 immer wieder neu. Kaufhaus war mal ›Shop in Shop‹ heißt das heute mit nationalen und internationalen Marken. Auch die Restaurants- und Cafés ganz oben im ›Illum Rooftop‹ kommen als edler Food Court daher – grandios die Außenplätze mit der Vogelperspektive auf die umliegenden Fußgängerzonen.

Das Illum markiert den Übergang vom Amagertorv in die Østergade, den ›Edel-Strich‹. Hier lesen sich die Namen in den Schaufenstern wie ein Who is who der dänischen und internationalen Modeszene. **Birger Christensen** 🛍 führt bekannte Labels wie Dior, DKNY oder Prada, ist aber vor allem durch seine Pelzmode bekannt, die das Unternehmen an nordische Königshäuser und russischen Geldadel liefert. In den Gassen, in die sich die Einkaufsmeile nach rechts und links verästelt, residieren viele junge, aber schon etablierte Kreative. Schauen Sie in der Pilestræde einmal bei **Samsøe & Samsøe** 🛍 vorbei, in Charlotte Eskildsens **Designers Remix Collection** 🛍, im Concept Store der international etablierten Modedesignerin **Bitte Kai Rand** 🛍 oder um die Ecke bei **By Malene Birger** 🔟.

Punkt. Schluss. Nytorv

Den Schlusspunkt der Fußgängerzone setzt der Kongens Nytorv. Im 17. Jh. als königlicher Stadtmittelpunkt angelegt, ist er einer der schönsten Innenstadtplätze Europas. Unterirdisch ein Knoten des öffentlichen Verkehrs, oben ein grüner Fleck umgeben von repräsentativen Bauten wie dem Stammhaus des Königlichen Theaters **Gamle Scene** 6, der **Kunsthal Charlottenborg** 7 mit Kunstakademie und Ausstellungen junger Kunst, **Frankreichs Botschaft** 8, der **EU-Umweltagentur** 9 oder der Promiherberge **Hotel d'Angleterre** 🔟.

Auf den Häufchen des Mittelalters – **Snarens Kvarter**

Kopenhagens älteste Gassen treffen in Snarens Kvarter auf junges Leben mit viel Jazz, Blues und Rock. Und mitten durchs Viertel zieht sich Strædet, ein alternativer Bypass zur oft überlaufenen Strøget – einladender, origineller, innovativer und pfiffiger.

Shopping-Bummlern präsentiert sich **Strædet** gern mit doppeltem Boden: Viele Häuser haben Läden ein paar Stufen hinauf im Hochparterre und im Keller. Und noch tiefer? In Kopenhagens Keimzelle haben Mag- und Hyskenstræde ihre Namen von ›mag‹ und ›hüsken‹, Bedürfnisanstalten des Mittelalters, die auf Holzbrücken in den damaligen alten Sund zwischen Festland und

An der Fußgängerzone Strædet gibt's Shops im Doppelpack: Nordisches Design gibt's in der Kellerboutique und im Hochparterre residiert ein alteingesessener Glashandel. Aber Tine interessiert das gerade nicht, sie muss ihr Kind von der Kita abholen.

INFOS/ÖFFNUNGSZEITEN

Kunstforeningen GL STRAND 2:
Gl. Strand 48, www.glstrand.dk, Di–So
11–17 Uhr, Mi –20 Uhr, 75 DKK/ab 16 J.

JAZZ, BLUES, ROCK & CO.

Huset-KBH 1: Rådhusstræde 13,
www.huset-kbh.dk, Konzerte ca.
50–200 DKK, Bastard Café (www.
bastardcafe.dk), So–Do 12–24, Fr/Sa bis
2 Uhr, Bib-Bib-Bar (Do–Sa 16–2 Uhr),
evoo (Restaurant, www.evoo.dk) Di–Sa
12–15 und 17–22 Uhr

Mojo Bluesbar 2: Løngangstræde
21 C, www.mojo.dk, tgl. 20–5 Uhr, Konzerte meist ab 21.30/22 Uhr, gratis–100
DKK, nur bei großen Namen teurer

Drop Inn 3: Kompagnistræde 34,
www.drop-inn.dk, Mo–Di 14–5, Mi–Sa
–5 Uhr, Konzerte teilweise Eintritt

La Fontaine 4: Kompagnistræde 11,
www.lafontaine.dk, tgl. 20–5, Livemusik
Fr, Sa ab 21 Uhr mit Eintritt, So 21–1
Uhr gratis

SHOPPEN AUF STRÆDET

Kernöffnungszeiten: Mo–Fr 11–17,
Sa–15 Uhr
Kompagnistræde:
Dansk Håndværk/Billedleg 2: Nr. 20
www.danskhaandvaerk.dk (Mo geschl.)
Creol 3: Nr. 21, www.creol.dk
FINURLI interiør & design 4: Nr. 12,
www.finurlidesign.dk
Peter Grosells Antikvariat 5: Nr. 15,
www.grosell.dk (Sa nur bis 13 Uhr)
Maanesten 6: Nr. 36, www.maanes
ten.com; **Henriette Hornsleth 7:** Nr.
30, www.hornsleths.com
Ecouture 8: Nr. 5, www.ecouture.dk
(nur Mi/Fr/Sa 12–17.30/18.30/16 Uhr)

QUAL DER WAHL?

Cafés, Bars, Kneipen, Büfett- und Ta-
pas-Restaurants, viele an Wochenenden
geöffnet bis zum Grauen des Morgens –
wer da unterwegs ist, hat die Qual der
Wahl. Meine aktuellen **Favoriten an
Strædet** finden Sie auf ▶ S. 91.

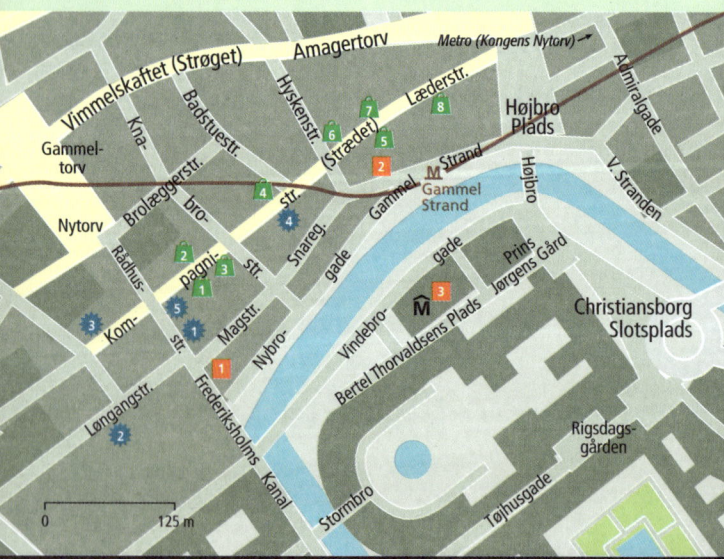

Cityplan: Karte 2, F/G 5/6 | **Bus:** bis Højbro Plads/Christiansborg

Slotsholmen (▶ S. 40) ragten – die Geschäfte fielen nach unten: Auf dieser ›Grundlage‹ steht die älteste Häuserzeile **Magstræde 17–19** 🟧.

Immer wieder neu

Äußerlich zur historischen Kulisse passend, innerlich Kontrast, wuchs hier **Huset** ⚙ aus einem 1970 besetzten Jugendzentrum zum vielseitigen Kulturhaus heran, mit exzentrischen Kulturevents und Konzerten jenseits des Mainstream, mit Cafés, Bars, Restaurant, Theatersaal und Programmkino. Sogar einen Treff für Kopenhagener 60+ gibt's. Huset erfindet sich dabei immer wieder neu: Zuletzt boomte sein **Bastard Café** als Club für Gesellschaftsspiele, während Retro-Automaten wie Flipper und Arcade-Spiele dem Namen der Bib Bib Bar alle Ehre machen – die 1980er lassen grüßen!

Vor »Hoppes Café & Bar« sitzt man mitten im Strædet-Leben.

Husets Haupteingang schaut in Richtung **Vandkunsten,** einem quirligen Platz mit Kneipen, Cafés, Clubs. In der **Mojo Bluesbar** ⚙ beweist sich Nacht für Nacht, dass Blues nicht nur Musik alter schwarzer Männer ist, sondern aller Generationen und Hautfarben. Spannend ist donnerstags die offene Bühne mit oft enthusiastischen Jungmusikern. Der Club hat bisher alle Rauchverbote ausgehebelt – Blues ohne Qualm geht nicht! Im **Drop Inn** ⚙ ist die Musik rockiger und härter. Neben Bands mischen bekannte DJs das Traditionslokal auf, das aus einem Treff antifaschistischer Aktivisten in den 1930ern entstand. Wo so viel Musik ist, fehlt in Kopenhagen Jazz nie: Im **La Fontaine** ⚙ hört man ihn an Wochenenden live, sonst ›aus der Dose‹.

Spielzeug für jedes Alter

Das La Fontaine liegt schon direkt an **Strædet.** Hier reihen sich Cafés und Restaurants, viele mit Tischen vor der Tür, und kleine, unabhängige Läden, keine Ketten, keine globalen Namen. Im schönsten Haus residiert **Tortus** 🛈, gegenüber im Kellerladen von **Dansk Håndværk** 🛈 wartet Holzspielzeug des Designers Lars Jensen auf Kinderhände – vom Greifring bis zum Kranwagen schlicht und solide in der Form, aber knallbunt. Klassiker ist der Geburtstagszug: Für jedes Jahr wird ein Waggon angehängt, der eine Kerze trägt – 18 Farben gibt's. Wieder auf der anderen Straßenseite belegt **Creol** 🛈 einen lang gestreckten Keller mit erschwinglichem Schmuck aus

G GEDREHT

Er hat sein Traditionsgewerbe ins Internetzeitalter gebeamt: Eric Landon, Keramiker und Mitgründer von **Tortus Copenhagen** 🛈, stellt coole Drehs vom Dreh auf der Scheibe ins Netz und erreicht damit auf www.instagram.com/tortus über 800 000 Follower, weitere Tausende auf Youtube und facebook. Workshops mit Eric im Studio an der Kompagnistræde sind Kult, aber meist Monate voraus ausgebucht. Das Design der Tortus-Keramik folgt schlichten, klassischen Formen – altes Handwerk modern interpretiert (Kompagnistræde 23, www.tortus-copenhagen. com, Mo/Di 12–15, Mi–Fr 12–18, Sa 11–15 Uhr).

Vom Nationalmuseum schon als bewahrenswert eingestuft: **Galathea Kroen** ⑤ trägt den Namen zweier dänischer Expeditionen rund um die Welt in den 1940ern und 1950ern, auf die ein irres wie originelles Sammelsurium exotischer Ethnografika an den Wänden Bezug nimmt. Die Speisekarte hat seit 1953 eine üppige Reistafel (244 DKK) als Konstante. Haben gegen 21.30 Uhr alle aufgegessen, wird der Kro zur Musikkneipe, live oder man nutzt die geniale Plattensammlung mit Vinyl- und CD-Raritäten – Schwerpunkt Jazz. Im Keller gibts als Raucher-Dependance »Die Kneipe« für ein gutes Bier oder einen Kaffee: Rådhusstræde 9, www.galatheakroen.dk, Di–Sa ab 17 Uhr, Die Kneipe Mi–Sa ab 15 Uhr.

Klassische Schönheit im Thorvaldsen Museum

Edel- und Halbedelsteinen, darunter Bernstein mal konservativ, mal innovativ. Accessoires fürs Wohnen und ›Hyggen‹ im nordischen Design von Keramik bis Öko-Lammfellen steuert die kleine Kellerboutique **Finurli** ④ bei.

Schmuck und Schokoladenseite

Auf jenem Teil von Strædet, der als Læderstrædet auf den Amagertorv zuläuft, verzückt **Peter Grossell's Antikvariat** ⑤ Buchliebhaber mit bibliophilen Schätzen – neben wertvollen Büchern werden alte Karten und Grafiken angeboten. Ansonsten gibt's auffällig viel Schmuck, so im Eckhaus zur Hyskenstrade bei **Maanesten** ⑥ oder bei der Edelstein-Spezialistin **Henriette Hornslet** ⑦. Feminine Mode, gern verspielt, manchmal retro, immer originell und nach hohen ökologisch und ethischen Standards geschneidert, bietet **Ecouture** ⑧, der Shop der Designerin Johanne Helger Lund, deren Arbeit ahnen lässt, dass sie auch oft für Film- und Theater-Produktionen arbeitet.

Schokoladenseite des Snarens Kvarter ist der zu Slotshomen hin offene Gammel Strand mit einer Handvoll Cafés, Bars und Restaurants. Die schönste Fassade überstand schon den Stadtbrand 1795 und ziert die Kunsthalle für Moderne und Gegenwartskunst **Kunstforeningen GL STRAND** ②, die sechs bis acht Wechselausstellungen pro Jahr präsentiert.

→ UM DIE ECKE

Beim Blick von Gammel Strand auf Slotsholmen fällt das ockerfarbene **Thorvaldsens Museum** ③ ins Auge. Auf den Außenwänden zeigt ein Fries Bertel Thorvaldsens triumphale Heimkehr nach Kopenhagen, begrüßt von Promis des Goldenen Zeitalters der dänischen Kultur, darunter H. C. Andersen. Thorvaldsen, der große Bildhauer des Klassizismus, hatte 40 ruhmreiche Jahre in Rom gewirkt und brachte viele eigene Werke sowie seine Sammlung antiker und zeitgenössischer Kunst mit. Alles vermachte er seiner Geburtsstadt, die dafür das Museum baute. Fertig wurde es aber erst vier Jahre nach seinem Tod, beigesetzt ist der Meister im Innenhof (Bertel Thorvaldsens Plads 2, www.thorvaldsensmuseum.dk, Di–So 10–17 Uhr, 70 DKK, Mi gratis).

Klamotten, Küchen, Kirchen – **Kontraste im Latinerkvarteret**

3

Das bunte Dekor der Häuser im Gassengewirr kommt aus der Spraydose, das Flair besorgen jede Menge alternative Lebenseinstellungen. Latinerkvarteret, das alte Uni- und Studentenviertel, steht für exzentrische Klamotten abseits des Mainstream, Secondhandshops, Plattenparadiese und Antiquariate, Tattoos, Comics, Schwulenclubs und französische Momente.

Ausgeflippt, etwas schmuddelig und ziemlich schwul zeigt sich die Ecke, die dem Rathausplatz am nächsten liegt. Larsbjørns-, Teglgårds- und Studiestræde haben einen legendären Ruf als Kneipen- und Cafégassen und ihren Spitznamen ›Pisserenden‹ muss man kaum übersetzen. Er bil-

Viel Platz gibt's nicht vor Baren Floss in der Larsbjørnsstræde. Hat man aber einen Stuhl ergattert, sitzt man mitten im Leben!

Cityplan: Karte 2, E/F 5 | alle öffentlichen Verkehrsmittel bis Rådhuspladsen oder Nørreport

INFOS/ÖFFNUNGSZEITEN

Skt. Petri Kirke 2: Skt. Peders Stræde 2, www.sankt-petri.dk, April–Sept. Mi–Sa 11–15 Uhr, Grabkapellen 25 DKK/ ab 16 Jahre

Vor Frue Kirke 3: Nørregade 8, www. koebenhavnsdomkirke.dk, tgl. 8–17 Uhr außer bei kirchlichen Handlungen, Sa um 12 Uhr Orgelmatinee, stimmungs- volle, meditative Nachtkirche Do–Fr 20–24, So 19–23 Uhr

KAFFEE UND KREBSE

Bistrot l'education nationale 1: Larsbjørnsstræde 12, T 33 91 53 60, www.leducation.dk, tgl. 11.30–24, Küche –22 Uhr, sehr, sehr französisch, Hauptgerichte ca. 100–300 DKK – isch libe die Moules frites!

La Galette 2: Larsbjørnsstræde 9, www.lagalette.dk, Mo–Sa 12–23, So 13–22 Uhr, Pfannkuchen 60–130 DKK

Atlas Bar 3: Larsbjørnsstræde 18, T 33 15 03 52, www.atlasbar.dk, Mo–Sa ab 12 Uhr, Hauptgerichte Frokost ab 110 DKK, abends 160–210 DKK. Immer exo- tisch, viel Lamm und viel Vegetarisches, und die Fischfrikadellen gibt's nirgendwo

in Kopenhagen besser – eines meiner Lieblingsrestaurants, weil das Preis- Leistungs-Verhältnis so gut ist! Do–Sa ab 18 Uhr werden im Hochparterre über der Atlas Bar ausschließlich vegane Menüs (›Urten Atlas‹) serviert.

Restaurant Krebsegaarden 4: Studiestræde 17, T 20 12 40 15, www. krebsegaarden.dk, Di–Sa 18–22 Uhr, bei dem Namen nicht überraschend steht oft guter Fisch auf der Karte, 170–230 DKK.

Skt. Peder‹s Bageri 5: Sankt Peders Stræde 29, Mo/Di–Sa 9/8–19, So 9–17.30 Uhr

Paludan Bogcafé 6: Fiolstræde 10–12, www.paludan-cafe.dk, Mo–Do/ Fr 9–22/23, Sa/So 10–23/22 Uhr

HAPPY HOURS

Baren Floss ⚑: Larsbjørnsstræde 10, Mo–Sa/So 14/17–2 Uhr

BÜCHERWURMS PARADIES

Vangsgaards Antikvariat 🔒: Fiolstræ- de 34–36, www.vangsgaards.dk, Mo–Fr 9.30–18, Sa 10–15 Uhr

det eine frivole Identitätsklammer für Bewohner und Läden, mit der sie sich sogar im Web selbst definieren: www.pisserenden.com. Hat man das Glück, an einem lauen Sommertag einen der wenigen Plätze vor **Baren Floss** 🌟 zu ergattern, kann man perfekt bei Espresso, Macchiato oder einem Bier die Szene beobachten. Die kleine Bar ist auch bei den Locals sehr verwurzelt und die Happy-Hour-Zeiten sind stadtbekannt.

Sie mögen es lieber französisch? Nebenan kopiert das **Bistrot l'education nationale** ❶ Frankreich bei Küche und Stimmung so authentisch wie kein anderes Lokal der Stadt, während gegenüber Obelix den Weg in den Hinterhof zu dünnen bretonischen Buchweizen-Crêpes im **La Galette** ❷ weist. Eine Institution des bezahlbaren Essens und eine der authentischsten Adressen im Viertel ist das Kellerlokal **Atlas Bar** ❸. Um die nächste Ecke fusioniert **Krebsegaarden** ❹ Kunst und Küche – die Speisekarte will sich gern mit dem Ausstellungsthema in der Galerie Krebsen synchronisieren.

Das deutsche Element

Eine Gasse weiter im Westen wird es ruhiger. Ein ›Muss‹ – außer man is(s)t gerade auf Diät – ist **Skt. Peder's Bageri** ❺ mit den anerkannt besten Zimtschnecken Dänemarks und einer großen Auswahl an belegten Brötchen. Stellen Sie sich einfach ein Lunch-Paket zusammen und setzen sich damit in den Hof der **Skt. Petri Kirke** ❷, falls Sie der angrenzende deutsche Kindergarten nicht stört. Die Kirche gilt mit ihren Wurzeln im frühen 14. Jh. als älteste aller bestehenden Kirchen Kopenhagens. Sie musste nie neu gebaut, sondern konnte nach Bränden und Beschädigungen immer wieder repariert und restauriert werden. Nach der Reformation erlebte sie ein Intermezzo als Kanonengießerei, ehe Frederik II. das Gebäude 1585 der deutschen Gemeinde übergab, die es bis heute nutzt. Ihr gehörten bis ins 19. Jh. viele Adelige und Höflinge an, die hinter der Kirche in Grabkapellen, wie sie im Norden einmalig sind, beigesetzt wurden.

Es gehört ein gewisses Maß an Spekulation dazu, aber in der Grabkapelle der Familie Schimmelmann liegen wohl die sterblichen Reste des 1772 bestialisch geviertelten Johann Friedrich Struensee. Der Modearzt aus Altona war ein Vertrauter des wirren Königs Christian VII., Galan der

▶ INFO

Die Grenzen des Viertels um die alten Teile der 1479 gegründeten **Københavns Universitet** 1 sind nicht exakt definiert, aber das Viereck zwischen den Fußgängerzonen Strøget und Købmagergade sowie den Straßen Vestergade und Nørre-Voldgade trifft es ganz gut.

G GAY

Nirgendwo ist Kopenhagen so schwul wie im Latinerkvarter: Einige Locations haben täglich, viele wenigstens an den Wochenenden bis zum frühen Morgen geöffnet. An der Studiestræde liegen die Kellerbar im Knast-Look **Jailhouse Cph** 🌟 (Nr. 12, www. jailhousecph.dk, Do–Fr auch intimes Restaurant im Obergeschoss), die **Cosy Bar** 🌟 (Nr. 24, www.cosybar.dk) für ganz späte Verabredungen, die entspannte **Masken Bar** 🌟 (Nr. 33, www.maskenbar. dk), die **Kiss Kiss Bear Bar** 🌟 (Nr. 41, www. kisskissgayclub.dk) und um die Ecke in der Teglgårdsstræde 3 die **Men's Bar** 🌟. Von dort sind es nur ein paar Meter zum **Ørestads-Park** ❶, tagsüber ein herrlicher Platz zum Chillen, nach Einbruch der Dunkelheit zum Cruisen.

Bei **Sømods Bolcher** 🄜 entstehen seit über 100 Jahren die kleinen Sünden, vor denen der Zahnarzt immer warnt. Man darf den Bonbonmachern zusehen und probieren – meine Nr. 1 sind die herben Sanddorn-Bonbons (Nørregade 36, Hinterhof, Produktion Mo–Fr ca. 10.15, 12, 13.30, 15 Uhr, Nørregade 24 Verkauf, www.soemods-bolcher.dk).

Bücher treffen Espresso: Paludan Bogcafé.

Faraos Cigarer 🄝**:** Vier Läden in unmittelbarer Nachbarschaft voll mit allem was Gamer, Fantasy-, Superhelden- und Comic-Fans jubeln lässt. Hier sind sogar sonst überall gelangweilte Teens Stunden beschäftigt! Skindergade 27/28, Nørregade 6, Klosterstræde 22, www.faraos.dk.

aus Celle stammenden Königin Caroline Mathilde und ein politischer Visionär.

Jesus und seine Jünger

Latinerkvarteret litt extrem unter dem englischen Angriff 1807. Rund 14 000 Geschosse, darunter 300 Brandraketen, jagten die Briten in die Stadt, etwa ein Drittel der Häuser ging in Flammen auf, auch die alte Universität und die **Vor Frue Kirke** 🄝, Kopenhagens Dom. Der Wiederaufbau der Frauenkirche fiel in die Blüte des Neoklassizismus und zwei Exponenten dieses Stils prägten die Kirche. Architekt war C. F. Hansen, der auch viele Bauten in den damals unter der dänischen Krone stehenden Herzogtümern Schleswig und Holstein bis nach Hamburg Altona hinein gebaut hatte. Für den Innenraum schuf einer der bedeutendsten Bildhauer seiner der Zeit, Bertel Thorvaldsen, 14 große Skulpturen und Reliefs. Der monumentale Jesus am Altar, der Taufengel und die Apostel im Kirchenschiff gelten als seine wichtigsten sakralen Werke überhaupt.

Cappuccino zwischen Büchern

Hinter dem Chor der Domkirche verläuft die **Fiolstræde.** Ihr Name stand schon immer für Bücher. Die alte Universitätsbibliothek lag hier und ein Antiquariat reihte sich an das nächste. Die Branche kriselt seit Aufkommen des Onlinehandels, dem nur wenige mit neuen Konzepten widerstanden: Das **Paludan Bogcafé** 🄺 in Nr. 10 wählte den Weg, mit Kaffee, Kuchen und kleinen Herzhaftigkeiten die Einnahmen zu verbessern, innen sitzt man noch zwischen den alten Büchern.

Vangsgaards Antikvariat 🄝 in Nr. 34–36 setzt derweil auf Größe und gilt heute als eines der größten Antiquariate Europas – auch deutschsprachige Titel gibt's regelmäßig, vor allem Klassiker, außerdem alte Karten und Drucke.

→ **UM DIE ECKE**

Noch nicht müde? Vom Latinerkvarter aus können Sie Kopenhagen prima weiter entdecken. Das Viertel stößt im Osten an Strøget (► S. 20) und lässt sich perfekt mit den Entdeckertouren 9 durch den Stadtteil Nørrebro (► S. 53) oder 13 zu den Parkmuseen (► S. 67) verknüpfen.

Alles etwas edler –
bei den Royals in Frederiksstaden

Auch Blaublüter stehen manchmal unverhofft auf der Straße: 1794 brannte Schloss Christiansborg völlig aus: Christian VII., sonst vor allem als gestörter und gehörnter Monarch in der Affäre Struensee im Gedächtnis geblieben, war mitsamt Gefolge obdachlos. Also musste etwas Neues her. Repräsentativ versteht sich.

Gut, dass Hofbaumeister Nicolai Eigtved 50 Jahre zuvor zum 300-jährigen Thronjubiläum der Oldenburger das neue Viertel Frederiksstaden entworfen hatte, alles im flotten Rokoko. Ins Zentrum platzierte Eigtved eine Kuppelkirche und um ein Oktagon vier baugleiche Stadtpalais für Angehörige des Hochadels. Die verzichteten gern, als der Hof **Amalienborg,** wie die Anlage

Warum tragen Männer der ›Kongelige Livgarde‹ vor Schloss Amalienborg den Riemen ihrer Bärenfellmützen vor dem Kinn? Sie wurden früher im Kampf getragen und wenn ein Stoß dagegen drückte, konnte die Mütze, war sie unter dem Kinn befestigt, dem Soldaten das Genick brechen. Heute ist es Tradition.

INFOS/ÖFFNUNGSZEITEN

Amalienborg-Museet 3: im Christian VIII's Palæ, www.kongernessamling.dk/amalienborg Mai–Okt. tgl. min. 10–16, sonst min. Di–So 11–15 Uhr, 105 DKK (155 DKK inkl. Rosenborg (▶ S. 68))
Marmorkirken 6: Frederiksgade 4, www.marmorkirken.dk, Mo–Do, Sa 10–17, Fr/So 12–17 Uhr, gratis. Kuppel:

Mitte Juni–Aug. tgl. 13, sonst Sa, So 13 Uhr, 35 DKK, 20 DKK/unter 18 Jahre
Klassik Copenhagen 1: Bredgade 3, www.klassik.dk, Mo–Fr 11–18, Sa 10–16 Uhr
Secher Fine Art & Design 2: Bredgade 25 A, www.secherfineart.com, Di–Fr 11–17, Sa –14 Uhr
Galerie Birch 3: Palægade 5, www.galeriebirch.com, Di–Fr 11–17, Sa –15 Uhr
Galleri Christoffer Egelund 4: Bredgade 75, www.christofferegelund.dk, Di–Fr 11–18, Sa 12–16 Uhr

NICHT NUR FÜRS GESCHÄFTSESSEN

In Frederiksstaden gibt es eine exquisite Gastronomie, einige Lokale machen aber nur werktags zum Frokost auf, zur Rushhour für Geschäftsessen. Unter ›satt & glücklich‹ (ab ▶ S. 90) gibt es weitere Infos zur Smørrebrød-Institution **Ida Davidsen** 1, zum Edelbistro **Madklubben Bistro-De-Luxe** 2, zum französisch inspirierten **rebel** 3 und zum Restaurant **Koefoed** 4 mit Bornholmer Spezialitäten.

Cityplan: H 4/5 | **Metro:** Kongens Nytorv, Marmorkirken | **Busse:** Bredgade, Store Kongensgade

Zum **Wachwechsel** marschiert die Garde von ihrer Kaserne neben Schloss Rosenborg – Abmarsch dort ca. 11.30 Uhr – durch die Innenstadt Richtung Amalienborg. Mein liebstes Fotomotiv ist der Moment, wenn die Truppe mit der Marmorkirche im Rücken auf den Schlossplatz kommt!

als Ganzes heißt, begehrte. Die Royals blieben bis heute: Königin Margrethe II. nutzt **Christian IX's Palæ** 1 als Residenz. **Frederik VIII's Palæ** 2 mit rund 4500 m² Wohnfläche steht Kronprinz Frederik und seiner munter wachsenden Familie zur Verfügung und in **Christian VIII's Palæ** 3 findet man Erinnerungszimmer mit Memorabilien der Regenten ab Christian IX. (1863–1906), die Fortsetzung der Sammlung von Schloss Rosenborg (▶ S. 68). Einige Räume nutzen dort auch Mitglieder der erweiterten Königsfamilie. Klopfen Sie von außen an die Kolonnade zwischen Margrethes Palais und dem für hochrangige Gäste und Empfänge genutzten **Christian VII's Palæ** 4: Was wie Stein aussieht, ist eine Holzattrappe. Davor gibt's jeden Mittag Punkt 12 Uhr einen Wachwechsel mit großem Aufmarsch, wenn der amtierende Regent anwesend ist – dann weht die Königsflagge über Amalienborg –, sonst mit kleiner Mannschaft. Auf der Mitte des Schloss-platzes zieht das pompöse **Reiterstandbild von Frederik V.** 5 – er war Auftraggeber für Frede-riksstaden – alle Blicke auf sich: Der Franzose Jacques-François-Joseph Saly brauchte 14 Jahre, um es zu erschaffen. 1771 wurde es eingeweiht, da war Frederik schon fünf Jahre tot. Angeblich zahlte die Asiatisk Kompagni alle Rechnungen für Saly und seine Entourage und so soll die Statue teurer geworden sein als die Palais rundherum.

Frederiks Kirke

Frederik V. wollte unter Kollegen protzen: Als Nicolai Eigtved Pläne für die Kirche vorlegte, hatte der Regent zwei Wünsche – es sollte der höchste Kuppelbau Europas werden und bitte aus Marmor. Dann ging das Geld aus und erst 1894, fast eineinhalb Jahrhunderte nach der Grundsteinlegung, wurde die Frederiks Kirke, im Volksmund **Marmorkirken** 6, fertig: deutlich kleiner und weitgehend aus norwegischem Kalk-stein. Dass nebenan goldene Zwiebeltürme der russisch-orthodoxen **Alexander-Nevsky-Kirche** 7 über der Bredgade erstrahlen, geht auf die guten Beziehungen zu Russland nach der Heirat der dä-nischen Prinzessin Dagmar mit Zar Alexander III. 1866 zurück. Als Maria Feodorowna wurde sie Mutter des letzten russischen Zaren und machte in 2006 noch einmal Schlagzeilen, als ihre sterb-lichen Überreste aus der Domkirche von Roskilde mit großem Pomp in die Familiengruft der Zaren-familie nach Sankt Petersburg überführt wurden.

Kunst und Antiquitäten

Zwei viel befahrene Einbahnstraßen durchziehen das königliche Viertel zwischen Kongens Nytorv und Kastellet. Während die Store Kongensgade kulinarische Bedürfnisse befriedigt, ist die Bred-gade die Straße der besseren Antiquitätenhändler wie **Klassik Copenhagen** 1 und **Secher Fine Art & Design** 2 mit edelsten 2nd-Hand-Designermö-beln. Außerdem residieren im Viertel die bekannte **Galeri Birch** 3, die seit den 1940er-Jahren u. a. mit weltbekannten CoBra-Künstlern wie Asger Jorn und Carl Henning Pedersen zusammenarbeitet(e), oder gegenüber dem Designmuseum Danmark die **Galleri Christoffer Egelund** 4, die vornehmlich skandinavische Gegenwartskünstler vertritt.

Frederik V. wollte es eigentlich ein paar Num-mern größer: die Kuppel der Marmorkirche.

Mein Haus, mein Auto, mein Boot: Was Sie immer schon einmal Offizielles über die drei aktiven Generationen der **dänischen Royals** wis-sen wollten, wer welchen Platz in der Thronfolge belegt, aktuelle Bilder, ihre Schlösser, Schiffe und und und … Das gibt's alles auf **www. kongehuset.dk** zumeist auf Dänisch, teils auch auf Englisch oder Fran-zösisch. Und natürlich sind die Royals in den Social Media aktiv, auf Instagram ›detdanske-kongehus‹ und auf www.facebook.com/ detdanskekongehus.

Hyggen und kreischen seit 1843 – **Tivoli**

Der Tivoli ein Vergnügungspark? Nein! Nein! Klingt mir zu sehr nach Pauschalspaß. Tivoli ist 170 Jahre Geschichte und Kultur, oft romantisch, manchmal schrill, selten kitschig, immer charmant. Aber eigentlich kann man sich vergnügen. Also doch Vergnügungspark. Sogar der zweitälteste der Welt, sagen die Kopenhagener stolz. Stolz auf eine Nummer 2? Aber klar, der älteste der Welt ist schließlich Bakken, am Nordrand von Kopenhagen, also gleich um die Ecke.

Urdänische Stimmungslokale. Bierselige Alpenromantik. Gourmetrestaurants. Würstchen- und Eisbuden. Einarmige Banditen. Theater. Achterbahnen und Kinderkarussells. Der Tivoli ist ein Park für alle Geschmäcker, Generationen und soziale Schichten. Er stellt für Kopenhagens Kulturleben die Open-Air-Bühne **Plænen** 1 und sogar ganzjährig **Tivoli Koncertsalen** 2 sowie den anmutigen **Glassalen** 3 für Revuen, intime Konzerte und Comedy. Tivolis Ballettaufführungen

Da kreisch ich mir die Seele aus dem Leib: Achterbahn Dæmonen auf Schussfahrt durch den Tivoli.

INFOS/ÖFFNUNGSZEITEN

Tivoli: Haupteingang Vesterbrogade 3, www.tivoli.dk, So–Do/Fr, Sa 11–23/24 Uhr, vier Saisonperioden: Winter ca. 3 Wo. ab Anfang Febr., Sommer Anfang April–späten Sept., Halloween Wochen 42–44, Weihnachten Mitte Nov.–Anfang Jan., 120 DKK/ab 8 Jahre, 50 DKK/3–7 Jahre, zwei aufeinanderfolgende Tage 200/75 DKK, Zuschläge bei Events, Fahrgeschäfte 30–90 DKK pro Tour oder Flatrate *(turpas)* ab 230 DKK für alle den ganzen Tag lang.

AUFGETISCHT

Für Kopenhagener ist Tivoli immer eine Option, essen zu gehen, egal ob romantisch zu zweit, mit Geschäftsfreunden oder mit der Familie – drei Dutzend Restaurants pflegen Küchen der Welt in allen Preisklassen.

Preiswerte Burger serviert das **Woodhouse** ❶ sogar mit Blick auf die Bühne Plænen. Piraten haben die ehrwürdige Fregatte Skt. Georg III. – ein Nachbau im Stil des 18. Jh. – auf dem Tivoli Sø übernommen: Im **Pirateriet** ❷ gibt's Plätze auf und unter Deck. Kinder lieben das Schiff und denen will's die Küche recht machen – mehr sollte man nicht erwarten. Im populärsten Fotomotiv des Parks, **Det Japanske Taarn** ❸ wird vorrangig Sushi serviert, während man die beste Sicht auf die Skt. Georg III. und Det Japanske Taarn vom **Færgekroen Bryghus** ❹ hat. Dieses Fährkrug-Brauhaus steht für urdänische Stimmung und Küche – Wiener Schnitzel, gebratene Scholle … Hier spielt auch der Mann am Klavier für noch ein Bier, das aus eigenem Braukessel kommt. Am oberen Ende der Tivoli-Preisskala zeigt **Gemyse** ❺, dass Tivoli-Restaurants auch vegetarisch, bio und nach den Jahreszeiten kochen können. Die Restaurants im **Nimb-Hotel** ❶ sind derweil ganzjährig und auch ohne Parkeintritt zugänglich: Die **Brasserie** (tgl. 7–22 Uhr) serviert großes Frühstück, später viel aus dem Meer wie Austern, Hummer, Muscheln und Fisch. Mit kleiner Karte setzt der Tempel der Fleischeslust **Bar'n'Grill** abends auf Gegrilltes von Kalb, Rind, Bison oder Iberico Schwein. Unterdessen pflegt **Fru Nimb** die Kunst des hoch beladenen Smørrebrød und anderer Klassiker. Alle Informationen zu den Restaurants auf: www.tivoli.dk/mad (dän./engl.).

#5 Tivoli

Anmutige italienische Commedia dell'Arte auf der Bühne des chinesischen Pfauentheaters in der dänischen Hauptstadt – das ist der Kulturmix, den Tivoli Gründer Georg Carstensen wollte …

HOTELS

Vom Namen **Tivoli Hotel 2** sollte man sich nicht in die Irre führen lassen: Kopenhagens erstes Themenhotel greift zwar überall Figuren, Symbole und Charme des Tivoli auf, auch in speziellen Themenzimmern, liegt aber nicht am Tivoli, sondern gut einen Kilometer entfernt am Tivoli-Congress-Center – ein Stadtbus fährt von Tür zu Tür (Arni Magnussons Gade 2, 1577 Køb V, www.tivolihotel.dk, sehr flexible Preise ab ca. 1300 DKK, realistischer ab ca. 1900 DKK). Direkt auf dem Tivoli-Gelände umschmeichelt das **Nimb-Hotel 1** seine Gäste mit Luxus wie aus Tausendundeine Nacht. Nur wartet statt eines fliegenden Teppichs auf dem Dach ein Rooftop Pool mit Bar. Die meisten der 38 Zimmer und Suiten – die größten ca. 130 m² – bieten Blick auf den romantischen Park (Bernstorffsgade 5, 1577 Køb K, www.nimb.dk, Tagespreise ca. 3000–25 000 DKK).

haben Weltruf, Klassikkonzerte – Tivoli besitzt ein eigenes Symphonieorchester – bringen Solisten und Ensembles aus aller Welt auf die Bühne. Und beim ›Fredags-Rock‹ geben sich im Sommer Größen aus Rock und Pop die Mikrofone in die Hand, vornehmlich dänische Top-Acts, aber einmal im Jahr ist meist auch ein großer, internationaler Name dabei – Elton John, Lady Gaga und Pharrell Williams standen schon auf der Plænen-Bühne.

Ein wenig Dekadenz gefällig?

Nehmen Sie unbedingt den **Haupteingang [i]**: Hinter dem Tor wartet an einer schattigen Allee der typische Kulturmix. Links das **Pantomimeteatret 1**, das sich wie ein chinesisches Pfauentheater zeigt und die Kunst der italienischen Commedia dell'Arte pflegt. Rechts der **Promenadenpavillon 2**, aus dem leichte Klassik eines Salonorchesters klingt, und voraus das **Nimb 1**, ein ›maurisches Bazargebäude‹ mit Kuppeln und Minaretten und einem Meer von Glühlampen. Georg Carstensen, der den Tivoli 1843 gründete, wollte arabische Elemente – der Diplomatensohn wurde in Algerien geboren. Heute beherbergt das Nimb eines der exklusivsten Boutiquehotels in Europa, mehrere Restaurants und eine bestens bestückte Vinothek, in der edle Grand Crus auf junge dänische Weine treffen.

Höher, schneller, petzig

Trotz aller Traditionen kann sich der Tivoli dem Höher-schneller-schriller-Wettstreit mit anderen Parks nicht entziehen. So rasen Besucher mit 80 km/h auf der wirr in sich verdrehten Achterbahn **Dæmonen 1** mit drei Loops durch die Nordostecke des Parks, Skandinaviens höchstes Kettenkarussell **Himmelskibet 2**, lässt Wagemutige 80 m über der Erde durch die Luft sausen und **Vertigo 3**, eine gigantische, interaktive Schleudertrommel im Flugzeugdesign bietet unüberhörbaren Kreischfaktor. Jedes Jahr kommt Schlagzeilenträchtiges hinzu, so 2018 zum 175. Geburtstag das **Tik Tak** ❹, eine wilde Zeitmaschine in nostalgischem Design, die ihre Reisenden gleich in mehreren Dimensionen durch den Raum schleudert – Hightech trifft Tivoli-Tradition und Schwindelgefühle.

… und dazu etwas Orient von seiner anmutigsten Seite mit dem Nimb.

Tivoli wäre aber nicht Tivoli, kämen nicht auch kleinste Besucher zum Zuge. Auf gut einem Dutzend Fahrgeschäften fahren sie mit leuchtenden Augen und klopfenden Herzen allein ihre Runden und auf dem Spielplatz **Rasmus Klumps Verden** ❸ begegnen sie der beliebtesten Komikfigur, die Dänemark je hervorbrachte. Rasmus Klump kennt man andernorts besser als Petzi, der mit seinen Freunden Pelle, Pingo und Seebär auf dem Schiff Mary Abenteuer in aller Welt erlebt.

→ UM DIE ECKE

… gedacht: Am nördlichen Stadtrand ist **Bakken** (◻ Karte 3, B 3) mit seinen Lokalen, Spiel- und Schießbuden, Theaterzelten und gut drei Dutzend Fahrgeschäften volkstümlicher, dänischer und auf jeden Fall 260 Jahre älter als der Tivoli: Schon 1583 standen nahe einer populären Heilquelle erste Buden – die Keimzelle, auf die sich Bakken bei Jubiläen beruft. Das Revue- und Showprogramm ist sehr authentisch, aber dänisch. Bei den **Syngepiger,** der singenden Frauentruppe in **Bakkens Hvile,** fühlt sich jeder Rheinländer selbst im Hochsommer in seine fünfte Jahreszeit versetzt und beim ›Biergott‹, **Ølgod,** blasen Kapellen den ganzen Sommer über Oktoberfeststimmung herbei. Höhepunkt der Fahrgeschäfte ist die **Rutschebane,** eine 1932 eingeweihte Achterbahn aus Holz: 850 m geht es auf und ab mit bis zu 75 km/h – das lässt Teenager und Junggebliebene kreischen. Kleinen Kindern bleiben derweil die Münder offen stehen, wenn der Pierrot sie mit Tricks und Kunststückchen verzaubert.
Dyrehavevej 62, 2930 Klampenborg, www.bakken.dk, Ostern–frühen Sept. und Kalenderwoche 42 tgl. sowie 5 x Fr–So vor Weihnachten, flexible Öffnungszeiten, Kernzeit 14–22, maximal 12–24 Uhr, Eintritt frei, Flatrate für Fahrgeschäfte *(turbånd)* je nach Saison ca. 170–270 DKK.

HUNGER?

Von dänisch-bürgerlich bis multikulti: Wie im Tivoli gibt es auch auf Bakken reichlich **Restaurants.** Viele bieten All-you-can-eat-Büfetts zu günstigen Preisen – bitte keine kulinarischen Highlights erwarten. Weil's so günstig ist und der Park selbst keinen Eintritt kostet, feiern hier Familien gern Feste und Jubiläen, ebenso Clubs und Firmen – da können Restaurants schon mal ausgebucht sein. Urig zwischen Freizeitpark und Wald mit traditioneller Smørrebrød- und Frokostküche ist das **Peter Lieps Hus** (Dyrehaven 8, 2930 Klampenborg, www.peterlieps.dk, Feb.–Dez. Di–So 10–17 Uhr, zur Bakkensaison auch abends, Hauptgericht ca. 160 DKK).

6

Möge die Macht mit dir sein – **Slotsholmen**

Auf der Schlossinsel kann man zur Wiege der Macht hinabsteigen, zum Machtzentrum des modernen Dänemark aufblicken und den Mann bestaunen, der dem Volk seine absolute Macht abtrat. Geschichte und Gegenwart Dänemarks sind auf Slotsholmen eng verwoben.

So viel Macht unter einem Dach will geschützt sein: Stahlpoller blockieren die freie Durchfahrt zu Königin, Regierungschef, Parlament und höchstem Gericht.

Hoch zu Ross sitzt er vor dem neobarocken Christiansborg: **Frederik VII.** `1` gab am 5. Juni 1849 die absolute Macht ab und seinem Volk ein bürgerliches Grundgesetz. Hinter ihm ragt der in der Spitze von drei Kronen verzierte **Tårnet** `2`, der Schlossturm, 106 m in die Höhe. Auf 44 m kann ›das Volk‹ von **Udsigten** eine königliche Aussicht genießen oder eine Etage tiefer in **Bojesen i Tårnet** `1` über allen Mächtigen speisen. Derweil kraxelt man in Katakomben unter dem Turm zwischen Fundamenten jener **Absalons Borg** `3` herum, die Bischof Absalon 1167 bauen ließ, der

Cityplan: Karte 2, G 6 | **Busse:** Christiansborg | **Havnebus:** Kgl. Bibliotek

INFOS/ÖFFNUNGSZEITEN

www.christiansborgslot.dk
Tårnet **2**: Eingang im Kongeporten, Di–Sa, So 11–21/17.30 Uhr, gratis;
Absalons Borg **3**: Mai–Sept. tgl., sonst Di–So 10–17 Uhr, 50 DKK; **Teatermuseet** **4**: Christiansborg Ridebane 10–18, www.teatermuseet.dk, Di–So 12–16 Uhr, 40 DKK; **Slotskirke** **5**: So (tgl. in dänischen Ferien) 10–17 Uhr; **Königliche Repräsentationsräume** **6**: Mai–Sept. tgl. 9–17, sonst Di–So 10–17 Uhr, 90 DKK
Krigsmuseet **9**: Tøjhusgade 3, www.natmus.dk, Di–So 10–17 Uhr, 75 DKK, mit Kind 60 DKK

Dansk Jødisk Museum **12**: Proviantpassagen 6, www.jewmus.dk, Juni–Aug. Di–So 10–17, sonst Di–Fr 13–16, Sa, So 12–17 Uhr, 60 DKK

DINNER ÜBER DER MACHT

Bojesen i Tårnet **1**: im Turm, T 33 37 31 00, www.taarnet.dk, Di–So ab 11.30 Uhr. Die außergewöhnlich hohen Räumlichkeiten grandios, die Küche den Jahreszeiten verbunden und die Preise nicht so abgehoben wie die Lage: Frokost ab ca. 100 DKK, abends Hauptgerichte um 250 DKK, Menü ab 425 DKK

erste ›Macht-Bau‹ an dieser Stelle. Slotsholmen war damals noch deutlicher Insel als heute.

Machtbau mit heißer Vergangenheit

Mit der Zeit rückte die Stadt näher, Sunde wurden Kanäle. Eine zweite Burg entstand, im 18. Jh. dann ein repräsentatives Königsschloss. Der Bau ruinierte fast den Staat, nach gut 50 Jahren brannte die Herrlichkeit nieder, nur Ställe und das alte Hoftheater blieben, heute **Teatermuseet** **4**. Hier scheiterte H. C. Andersen als Ballettschüler so kläglich, dass er lieber Märchen schrieb. Nur die neoklassizistische **Slotskirke** **5** blieb stehen, als auch das nächste Christiansborg 1884 in Flammen aufging.

▶ INFOS

›Borgen‹ real: Wie tickt das **Folketing,** wie ist es zusammengesetzt, und an welchen Tagen gibt es englischsprachige Touren? Alle Infos auf www.thedanishparliament.dk.

Imponierendes Foyer im Inneren des Schwarzen Diamanten.

▶ SEHTIPP

Christiansborg, Koloss der Macht, heißt im Lande nur ›Borgen‹. Unter diesem Namen produzierte das dänische Fernsehen 2010 bis 2013 drei Staffeln einer Polit-serie über Machtspiele im Staate Dänemark und landete einen Welterfolg, mit internationalen Fernsehpreisen ausgezeichnet und in über 70 Länder verkauft. ›Borgen‹ ist Spannung über viele Sendestunden allein mit Intrigen und Ränkeschmiedereien rund um den Aufstieg der fiktiven Politikerin Birgitte Nyborg, die damit international bekannter wurde als je ein realer Politiker des Landes. Alle Staffeln gibt's als DVD, Blu-Ray oder Stream – sehenswert!

1928 war das dritte, das demokratische Schloss Christiansborg fertig, mit mächtigen Mauern und mächtigen Institutionen: Der Regierungschef und das höchste Gericht residieren und die Königin repräsentiert im Westflügel. Höhepunkt der zugänglichen **Königlichen Repräsentationsräume** 6 sind 17 comicartige Gobelins, ein Kaleidoskop der Geschichte des Königreichs und der Welt von der Wikingerzeit bis in die Zukunft. Margrethe II. bekam sie zum 60. Geburtstag und stiftete sie umgehend ihrem Volk. Dessen gewählte Vertreter tagen im Ostflügel, im Parlament **Folketing** 7.

Chill-out im alten Kriegshafen

Schräg gegenüber der Freitreppe, über die man ins Folketing gelangt, geben Torbögen den Weg in ein kleines Paradies frei: Wer die Ruhe im idyllischen Park der Königlichen Bibliothek, **Kongelige Biblioteks Have** 8, genießt, ahnt kaum, dass hier bis ins 19. Jh. hinein Schiffe der Marine direkt am Zeughaus festmachten, das heute als **Krigsmuseet** 9 Militaria aller Waffengattungen zeigt. 1868 wurde der Tøjhushavn zugeschüttet, 1906 entstand über der alten Hafeneinfahrt **Det Kongelige Bibliotek** 10, Skandinaviens größte Bibliothek. Sie bekam 1999 zum Hafen hin eine spektakuläre Erweiterung, **Den Sorte Diamant** 11, ein tiefschwarzer Kasten aus Glas und Granit.

Museum mit schwankenden Gängen

Vom Bibliotheksgarten aus zugänglich ist das **Dansk Jødisk Museum** 12, entworfen von Daniel Libeskind. Er integrierte das kleine Museum mit ungewöhnlicher innerer Architektur in das historische Bibliotheksgebäude. Kein Gang ist eben und gerade: So soll das Wunder von 1943 visualisiert werden, als fast alle dänischen Juden mit Booten über den Øresund nach Schweden gerettet und damit vor der Deportation bewahrt wurden.

Auch wenn es nicht das größte Gebäude auf Slotsholmen ist, das auffälligste ist es auf jeden Fall: **Børsen** 13, die 1640 fertiggestellte alte Börse – damals eine Art Warenmarkt, heute im Besitz der dänischen Industrie- und Handelskammer – ist einer der schönsten Renaissancebauten Europas. Ihr Wahrzeichen ragt auf dem Dach in die Höhe: vier Drachen, die ihre Schwänze ineinanderverdrehen.

Klein, schwer und ziemlich sexy – **auf zur Meerjungfrau**

7

Jeder will sie sehen: die Kleine Meerjungfrau. Busladungen an Besuchern werden herangekarrt, von den Kreuzfahrtriesen am benachbarten Langeliniekaj strömen Massen zu ihr und im Minutentakt dümpeln Ausflugsboote vorbei. Trotzdem! Sie müssen da durch, ohne Meerjungfrau darf niemand die Stadt verlassen. Also kombinieren Sie den Pflichttermin doch mit einem Gang am Hafen entlang …

Nur Oldtimerkähne dümpeln vor den bunten Häusern am alten Stichkanal **Nyhavn** ⬛1, vor deren Fassaden sich am sonnenbeschienenen Nordufer Kopenhagens längste Theke entlangzieht: Fast in jedem Haus ein Lokal, von Kellerkneipe bis Gourmetrestaurant, alle mit Straßencafé vor der

Ein lauer Abend am Nyhavn: Die Drei genießen den Blick von der ruhigen Seite des Stichkanals auf das Gewimmel am Nordufer.

Auch ein Tattoo?
Bei all den Kneipen
und Straßencafés am
Nyhavn übersieht man
Tattoo-Ole ④ im Base-
ment von Haus Nr. 17
leicht. Da schwingt heute
eine Frau die Nadel, Lille
Ole, mit der Legende Tat-
too-Ole – bürgerlich Ole
Hansen – weder versippt
noch verschwägert, aber
im Geiste seiner Kunst
verbunden. Lille Ole
übernahm den Shop von
Bimbo, der von Danny
Hansen und der arbeitete
noch mit Tattoo-Ole
Hansen zusammen, dem
›Königlichen Tätowierer‹:
König Frederik IX., Vater
der jetzigen Königin
Margrethe, ließ sich von
ihm Arme und Brust
verzieren. Schon seit
1894 wird am Nyhavn
17 tätowiert, so lange
wie nirgendwo sonst
auf der Welt in einem
Tattoo-Shop.

*Adelte die Tattookunst:
Frederik IX., Vater der
amtierenden Königin.*

Tür. Wer sparen will, holt sich ein Bier aus einem
Kiosk und hockt sich auf die Kaimauer.

Rotlicht und Hafenverkehr

Eine Reminiszenz an frivolere Zeiten im Nyhavn
begegnet man in Nr. 7 mit der letzten Rotlichtbar.
Der Nacht- und Stripclub **Hong Kong** ⚑ ist trotz
des Namens urdänisch, hat ›døgnåbent‹, also fast
rund um die Uhr geöffnet und versteht sich als
›Sozial- und Gesundheitsverwaltung, Nyhavns
mentalhygienische Klinik‹, so ein Schild am Eingang – im Netz wird indes vor Abzocke gewarnt!
Für munteren Schiffsverkehr im Nyhavn sorgen
Hafenrundfahrt-Boote von **Stromma** ❶, **Net-
to-Bådene** ❷ (▶ S. 113) und Schiffe von **Spar
Shipping** ❸ (▶ S. 76), die auf Höhe des Speicherhotels **Nyhavn 71** 🅐 ablegen.

Hier küsst die Brücke

Wo Nyhavn auf den Innenhafen trifft, überspannt
den die neue Fußgänger- und Radfahrerbrücke
Inderhavnsbroen ❷, Mitte 2016 mit mehrjähriger
Verspätung und 100 Millionen Kronen Mehrkos-
ten fertig geworden – eine Art Kopenhagener
Elbphilharmonie im Kleinen: Die extravagante
Schiebetechnik war wohl zu kompliziert geplant.
Weil sich die beiden Seitenteile wie bei einem
Zungenkuss aufeinander zu bewegen, heißt die
Brücke im Volksmund ›kyssebroen‹.

Unterwasserparkhaus mit Badeplatz

Das **Skuespilhuset** ❸ passiert man an der Hafen-
seite über ein Promenadendeck, bei schönem
Wetter mitten durchs Openair-Café des Theater-
restaurants **Ofelia** ❶. Gleich nördlich entstand
aus einem alten Passagierdampferkai der **Ofelia
Plads** ④, genaugenommen eine Betonplatte über
einer darunter liegenden, an drei Seiten von Wasser umgebenen Tiefgarage. Im Sommer füllt sich
der Platz mit Café- und Streetfood-Buden, dem
Anleger der Premium-Kanalrundfahrten von **Hej
Captain** ❺ (▶ S. 113) und einem populären Ba-
deplatz für heiße Tage.

Herr Møllers Opernhaus

Am **Hotel Admiral** ❷ beginnt die eigentliche Hafenpromenade. Auf Höhe von Schloss Amalienborg machen gern Großsegler, Superjachten oder

kleinere Kreuzfahrtschiffe fest. Am gegenüberliegenden Ufer fasziniert ein Mix aus Alt und Neu. Markant der Mastkran von **Holmen** `5`, dessen klotziger Unterbau nur eine steinerne Schale ist, um die Holzkonstruktion des Krans vor Wind und Wetter zu schützen. In der gut 250 Jahre jüngeren **Operaen** `6` mit ihrem ausladenden Vordach, das auch schon mal Klippenspringer für Hüpfer in den Hafen nutzen, ging 2005 der Vorhang auf. Da waren gut 335 Mio. € verbaut, spendiert vom inzwischen verstorbenen Großreeder Mærsk Mc-Kinney Møller. Ihm gehörte die größte Reederei der Welt, Mærsk, an deren Zentrale man gleich entlangflaniert. Herr Møller, wie er in kokettem Understatement gern genannt wurde,

Letzte Reminiszenz an den verruchten Nyhavn vergangener Tage: der Nacht- und Stripclub Hong Kong.

STÄRKUNG NÖTIG?

Das **Ofelia** `1` (Skt. Annæ Plads 36, www.restaurantofelia.dk, Di–Sa/So 10–21/17 Uhr, Mo bei Vorstellungen) ist innen edel, draußen *casual*. **Kafferiet** `2` (Esplanaden 44, www.kafferiet. dk, Mo–Fr/Sa, So 7.30/9.30–18 Uhr) ist winzig, Sitzplätze sind rar. Also greift man zu Kaffeespezialitäten, gebrüht mit der exklusiven ›Doppelröstung‹, und zu Cookies ›to go‹.

MARITIM WOHNEN

71 Nyhavn Hotel `1`: Nyhavn 71, 1051 Køb K, www.71nyhavnhotel.dk. Alte Balken prägen Lobby, Restaurant und Zimmer in dem sehr respektvoll modernisierten Hafenspeicher aus dem frühen 19. Jh. Viel Platz und tolle Aussichten bieten Suiten in den oberen Stockwerken. Tagespreise ab 1900 DKK, im Sommer eher um ca. 2500 DKK, günstige Miniferien- oder Romantik-Pakete.
Copenhagen Admiral Hotel `2`: Toldbodgade 24-28, 1253 Køb K, www. admiralhotel.dk. Insgesamt 366 Zimmer und das populäre Restaurant SALT zum Hafen hin füllen den gewaltigen Korn-

speicher aus dem späten 18. Jh.– innen imponieren mächtige Balkenkonstruktionen. Tagespreise ab ca. 1400 DKK, im Sommer sind ca. 2000 DKK realistischer.

Cityplan: H/J 3–5 | **Havnebus:** Nyhavn und Nordre Toldbod | **Bus** 26: Kongens Nytorv, Langeliniekaj

Herr Møller bestellte einfach die Crème de la Crème der dänischen Kunstwelt zur Gestaltung des Foyers seines Opernhauses. Die drei großen Kugelleuchten schuf der in Berlin lebende, isländisch-dänische Künstler Ólafur Eliasson.

▶ **LESESTOFF**

Bejubelt und hofiert: H. C. Andersen war im 19. Jh. so etwas wie ein Popstar heute. Mit 14 Jahren kam er aus der Provinz nach Kopenhagen. Immer hatte er reiche Förderer. Das nährte das Gerücht, er sei der illegitime Sohn von Christian VIII. mit einer Adelstochter vom Lande, den man nach der Geburt in die Obhut ›guter Menschen‹ gegeben habe. In Kopenhagen liebte er das Milieu am Nyhavn, wo er immer wieder wohnte, so in Nr. 18, 20 und 67. Andersen versuchte viel, war nicht einmal unbegabt als Scherenschnitt-Künstler, aber berühmt ist er dank seiner 156 Märchen. Regelmäßig erscheinen Sammlungen, mal aufwendig gestaltet, aber auch als kostenlose E-Books. Im schön illustrierten **Hans Christian Andersen: Märchen mit Bildern** von Nikolaus Heidelbach (Beltz Verlag 2012) ist auch »Die Kleine Meerjungfrau« enthalten.

galt jahrzehntelang als reichster Däne, eng befreundet mit dem Königshaus. Einige monierten, wie selbstherrlich er für die Oper Standort, Architekten – Henning Larsen – und ausschmückende Künstler wie Per Kirkeby und Ólafur Elíasson bestimmte. Hauptkritikpunkt: Der moderne Bau störe die Harmonie der historischen Achse von Marmorkirche und Amalienborg.

David, die Asenfrau und Frederiks Kastell

Auf der Promenade weist ein 6 m hoher Nackter, Bronzekopie von Michelangelos David, den Weg zu **Den Kongelige Afstøbningssamling** 7 . Die einzigartige Sammlung von über 2300 Gipskopien bekannter Skulpturen und Reliefs aus 4000 Jahren Kunstgeschichte ist aktuell leider nur bei Events wie der Kulturnacht (▶ S. 80) frei zugänglich. Aus Bronze und Granit besteht **Gefionspringvandet** 8 , der Gefions-Brunnen. Gefion, eine Asenfrau der nordischen Mythologie, pflügte nach einer Wette die Insel Seeland, auf der auch Kopenhagen liegt, aus dem schwedischen Festland heraus, musste dafür aber ihre Söhne in Ochsen verwandeln und vor den Pflug spannen.

Gleich hinter dem Gefions-Brunnen wird **Kastellet** 9 zwar noch vom Militär genutzt, aber seine Wälle und Bastionen sind jeden Tag von 6 Uhr bis Sonnenuntergang zugänglich. Frederik III. ließ die barocke Festung im 17. Jh. als Schutzraum für die Elite der Stadt bei schwedischen Angriffen anlegen. Kirche und Knast sind direkt aneinandergebaut, so konnten Gefangene durch Löcher in den Wänden Gottes Worten lauschen wie 1772 Medicus Struensee an den letzten Tagen vor seiner Hinrichtung.

Das kleine Wahrzeichen

Was die Anziehungskraft angeht, hängt die **Lille Havfrue** 10 an der Langelinie Promenade David und Gefion um Längen ab: Edvard Eriksen schuf die Kleine Meerjungfrau 1913 nach einer Märchenfigur von H. C. Andersen. Eine Nixe liebte einen Prinzen, aber Wasserfrau und Mensch, das passte nicht. So endete sie mit melancholischem Blick auf ihrem Findling – als die Skulptur enthüllt wurde, war ihre Freizügigkeit verbunden mit der Frage, wer Modell saß, ein Gesellschaftsskandal.

Tagaus, tagein, Sommer wie Winter, bei Hitze, Eis und Regen wird bei ihr Hof gehalten. Aber es gibt ein Problem: Wahrzeichen haben im Denken der Menschen groß zu sein wie Eiffelturm oder Freiheitsstatue. Dies im Sinn und die Tatsache, dass Havfruen gern formatfüllend abgebildet wird, lässt sie in der Erwartung der Besucher größer werden, als sie in Wirklichkeit ist: »So klein hab ich sie mir nicht vorgestellt« ist ein Satz, den sie in allen Sprachen der Welt hört: Gerade einmal 125 cm ist die Skulptur hoch. Aber das macht ihr das Leben nicht leichter: Pornodarsteller posierten auf ihr, zweimal wurde sie geköpft, man sägte ihr ein Stück aus dem Arm und man sprengte sie vom Sockel – symbolträchtig am 11. September 2003. Gut, dass es noch originale Gussformen gibt.

Die genmodifizierte Schwester

Die Meerjungfrau ist sogar reisefreudig: 2010 saß sie im dänischen Pavillon der EXPO in Shanghai. Um es ihr dort heimelig zu machen, wurde gar eine ganze Tankerladung Kopenhagener Hafenwasser nach China geschippert – ›Schaut her, wie sauber es bei uns ist‹ war die Botschaft. Sieht man heute in die Gesichter ihrer Besucher, wird deutlich: Der Einsatz hat sich gelohnt – viele Asiaten kommen. Havfruen hat auch eine Schwester, die nicht weit weg am Pakhuskaj sitzt, in Pose und Größe ähnlich, aber sonst verfremdet: **Den genmodificerede Havfrue** 11 schuf Multikünstler Björn Nørgård für die EXPO 2000 in Hannover. Angesichts der Begründung, warum die echte Meerjungfrau in Shanghai war – »Nur mit dem Original kann man dem chinesischen Volk die nötige Wertschätzung zeigen« – komme ich als Deutscher natürlich ins Grübeln!

Überall vom Hafen aus sieht man den 85 m hohen **Copenhill** 12, Kopenhagener sagen auch **Amager Bakke:** Architekten der Bjarke Ingels Group verpassten einer Hightech-Müllverbrennungsanlage, die zudem Strom und Fernwärme für Zehntausende Haushalte liefert, eine auffällig Aluminiumfassade und auf dem Dach einen alpinen Freizeitpark mit synthetischer Ganzjahres-Skipiste, Bergwanderpfad, 80 m hohen Kletterwand – Weltrekord – und Aussichtlokal auf der Spitze (Vindmøllevej 6, 2300 Køb S, www.copenhill.dk).

*Ganz die Schwester:
Björn Nørgårds genmodifizierte Meerjungfrau*

Boom am anderen Ufer – **Christianshavn und Christiania**

Der schillernde Renaissancekönig Christian IV. ließ Christianshavn Anfang des 17. Jh. ins Sumpfland auf der anderen Seite des Hafens rammen und holte dafür holländische Baumeister – Ähnlichkeiten mit Amsterdam sind also kein Zufall. Die 2016 eröffnete Fußgänger- und Radfahrerbrücke über den Innenhafen beschert dem Viertel jetzt einen nie dagewesenen Boom.

Die Freistadt Christiania erfindet sich eigentlich jeden Tag neu, immer bunt, immer etwas anders, immer etwas gegen den Mainstream.

Dort wo **Inderhavsbroen 1** – aka Kyssebroen – Christianshavn erreicht, empfängt der kleine, stylische Streetfood-Markt **Broens Gadekøkken** mit coolen Containerständen die Menschenmassen. Hier machen bekannte Akteure der Kopenhagener Gastronomie auf ›Imbiss‹, aber alles möglichst bio und deshalb nicht gerade billig. Das gilt natürlich auch für die Gourmetrestaurants in den umliegenden Speichern wie das **Barr**

(www.restaurantbarr.com) oder das mit einem Michelin-Stern bedachte **108** (www.108.dk), beides Ableger des berühmten NOMA. Die Speicher waren schon früher sehr lebendig, vor allem die sechs Stockwerke hohe **Nordatlantens Brygge** **2**. Dort wurde Dänemarks Monopolhandel mit seinen nordatlantischen Kolonien Island, Grönland und Färöer-Inseln abgewickelt, die heute in dem klotzigen Bau ihre diplomatischen Vertretungen und ein sehr aktives nordatlantisches Kulturzentrum betreiben, das Kunst, Natur und Kultur der drei Länder in Wechselausstellungen präsentiert.

Jetzt entscheiden bitte

Mitten auf der nächsten Brücke, **Trangravsbroen** **3**, muss man entscheiden, wohin die Reise gehen soll – die Klappbrücke hat drei Arme. Nach Norden (links) biegt man zur Oper und zum Kreativviertel Refshaleøen ab (s. Randspalte), wendet man sich nach Süden (rechts), taucht man in Kopenhagens Klein-Amsterdam ein und ist direkt am Christianshavns-Kanal, der das Viertel durchzieht, gesäumt von Häusern aus dem 17., 18. und 19. Jh. Auf dem Wasser dümpeln Segel- und Hausboote, in den Gassen viele Kneipen und Cafés – im Viertel verwurzelt sind das **Café Wilders** **2** und das Hausboot-Café **Christianhavns Bådudlejning & Café** **3** auf dem Kanal – und ebenso Sternerestaurants wie das **Kadeau** **4** (▶ S. 93) mit Bornholmer Küche. Aus dem Armenhaus des 19. und Arbeiterquartier des 20. ist ein hippes Trendviertel des 21. Jh. geworden.

Bitte nicht schwindeln

Als Jules Verne seine Protagonisten auf die »Reise zum Mittelpunkt der Erde« schickte, testete er ihre Schwindelfreiheit auf dem 90 m hohen Turm der barocken **Vor Frelsers Kirke** **4**: Um die Turmspitze wendelt sich eine Außentreppe bis zur Weltkugel, auf der ein Christus mit Wetterfahne steht. Der Aufstieg ist steil, eng, 400 Stufen lang und es kann laut werden, denn im Turm verbirgt sich Nordeuropas größtes Carillon mit 48 Glocken, die tagsüber jede Stunde automatisch und bei gelegentlichen Konzerten manuell gespielt werden. Versäumen Sie nicht einen Blick in die Kirche: Da imponiert eine wuchtige 4000-Pfeifen-Orgel, von zwei Elefanten getragen.

Im Norden schließt ans historische Christianshavn der ehemalige Flottenstützpunkt Holmen an und daran Kopenhagens jüngstes Kreativ-Viertel **Refshaleøen** *(□ K 2/3). Auf einem alten Industrieareal residiert dort am Wasser, der Kleinen Meerjungfrau gegenüber,* **Copenhagen Street Food – Reffen.** *Über 50 Multikulti-Streetfood-Essstände (mit machmal ungewohnter vegetarischer Kost …) plus Kunsthandwerker füllen ein anarchisch wirkendes Containerdorf, 2019 kommt eine Halle hinzu. Zum Reffen-Konzept gehören Events, Konzerte und DJ-Auftritte (Refshalevej 167A, 1432 Køb K, www.reffen.dk, April– Sept. tgl. min. 11–21, sonst min. Fr/Sa, So 16/12–21 Uhr, Bars länger!). Eine Dependance der Kultbrauer* **Mikkeller** *hat sich auch angesiedelt, und die angesehene Galerie* **Copenhagen Contemporary** *nutzt eine Halle für ihre moderne Installationskunst (www.cphco.org, bei Ausstellungen tgl. 11–18 Uhr, 100 DKK). Transport: Havnebus, Stadtbus 9A, Fahrrad ab ›Kyssebroen‹ ca. 10 Min.*

INFOS/ÖFFNUNGSZEITEN

Nordatlantens Brygge 2: Strandgade 91, www.nordatlantens.dk, Mo–Fr 10–17, Sa, So 12–17 Uhr, 40 DKK, 20 DKK 12–17 Jahre

Vor Frelsers Kirke 4: Sankt Annæ Gade 29, www.vorfrelserskirke.dk, Kirche tgl. 11–15.30 Uhr, Turm März–Mitte Dez. Kernzeit 10.30–16 Uhr, Spitzentage 9.30–19 Uhr, je nach Saison und Wochentag 35–50 DKK, bis zu 10 DKK/8–14 Jahre

Gallopperiet – Stadens Museum for Kunst 7: Loppebygningen, Christiania, www.gallopperiet.dk, Di–So 14–19 Uhr bei Ausstellungen

Günstiges Frühstück, Frokost-Klassiker und Smørrebrød, abends drei Gänge ab ca. 250 DKK

Christianhavns Bådudlejning & Café 3: Overgaden neden Vandet 29, www.baadudlejningen.dk, Mai–Sept. tgl. tgl. 10–24 Uhr, sonst spontan nach Witterung, Frokost ab ca. 100 DKK, abends Kleinigkeiten ab ca. 120 DKK, große Portionen ab ca. 200 DKK.

Spiseloppen 5: Bådsmandsstræde 43, 1407 Christiania, www.spiseloppen.dk, Di–So min. 17–22.30 Uhr, Hauptgerichte ca. 150–250 DKK, es ist immer ein vegetarisches Hauptgericht auf der Karte.

AN JEDER ECKE ETWAS ANDERES – CHRISTIANIA

Broens Gadekøkken 1: Strandgade 95, 1401 Køb K, www.thebridgestreet kitchen.com, tgl. mind. 10–20 Uhr. Kein Cash beim Bezahlen, nur Karte!

Cafe Wilders 2: Wildersgade 56, www.cafewilder.dk, Mo–Do/Fr, Sa/ So 9–23/24/22 Uhr. Viele Locals!

EINZIG, NICHT ARTIG – FEIERN IN CHRISTIANIA

Café Nemoland 1: Fabriksområdet 52, 1440 Christiania, www.nemoland. dk, tgl. min. 11–24, Fr/Sa bis 3 Uhr. Auch kleine Küche – man braucht doch Grundlage!

Loppen 2: s. oben Spiseloppen, www. loppen.dk, Konzerte ca. 50–250 DKK

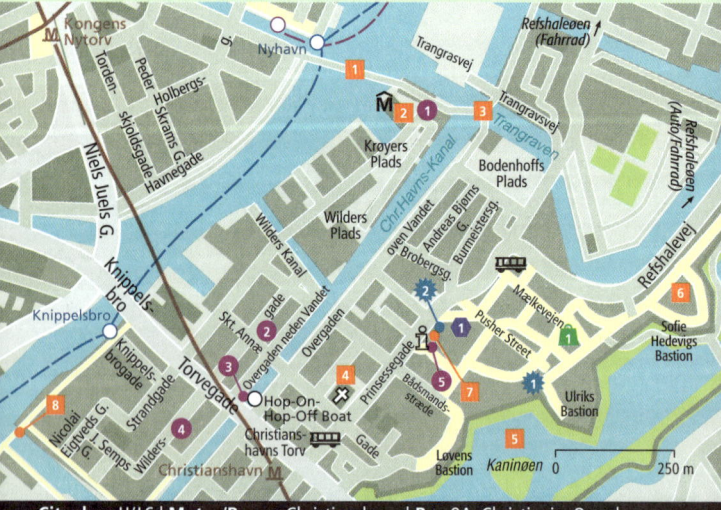

Cityplan: H/J 6 | **Metro/Busse:** Christianshavn | **Bus** 9A: Christiania, Oper | **Havnebus:** Oper

Anders leben in Christiania

Bestens vom Kirchturm aus zu sehen ist ein Stück Kopenhagen, das eigentlich nicht dazugehören will: **Christiania,** die putzmuntere Legende der Hippiezeit und eine der größten Touristenattraktionen Kopenhagens. Die selbst ernannte Freistadt wurde 1971 von Hausbesetzern auf einem verlassenen Kasernengelände gegründet. Heute leben auf 34 ha gut 900 Christianitter, Durchschnittsalter um die 50, trotz vieler Familien mit Kindern.

Christiania überstand auf Messers Schneide zwischen legal und illegal selbst konservative Regierungen, weil es immer ein Ventil für soziale Probleme war und so dem Staat Geld sparte. Der erklärte es ganz pragmatisch zum ›sozialen Experiment‹ und arrangierte sich. Unternehmen aus Christiania treiben heute mit dem Rest Dänemarks Handel und zahlen dort Steuern, einige exportieren weltweit wie die **Christiania Cykler** ⬆, deren dreirädrige Lasten-Fahrräder zum Kopenhagener Alltagsbild gehören. 40 Jahre nach der ›Besetzung‹ wurde die Freistadt dann legalisiert: Heute verwaltet und vermietet eine gemeinsame Stiftung von Staat und Bewohnern, die ihren Anteil über ›Volksaktien‹ aufbrachten, Gebäude – immerhin 14 stehen unter Denkmalschutz – und Gelände.

Und immer diese Drogen

Bummelt man am Ufer des **Stadsgraven** 5 entlang, an dem die Häuser mit der kreativsten Ar-

Von den Wällen über Stadsgraven entdeckt man das ›Villenviertel‹ der Kreativen von Christiania.

Aus Respekt vor den Menschen, die in Christiania ihren Alltag leben, empfehle ich statt neugierigem Überall-hinein-Schauen die Führungen der **Christiania Rundvisergruppen** ➊. Insider führen Besucher auf eine für die Christianitter akzeptable Art durch die Freistadt. Im Sommer tgl. 13 und 15, sonst Sa/So 15 Uhr ab Eingang Prinsessegade, Anmeldung nicht nötig, engl. ist üblich, einige Guides sprechen deutsch, 50 DKK (nur bar), www.rundvisergruppen.dk.

2016 gab es in Christiania eine Schießerei mit Toten und Verletzten. Daraufhin räumten Aktivisten die Pusher Street und machten die soliden Dealerbuden dem Erdboden gleich. Für die Christianitter gehört der Konsum von Cannabis-Produkten zum Lebensgefühl und zu den Freiheiten, für die die Freistadt seit fast 50 Jahren steht. Der Drogenhandel war jedoch in die Hände organisierter Banden geraten – auf bis zu 1 Milliarde Kronen (135 Mio. €) wurde der Jahresumsatz auf den wenige Hundert Metern der Pusher Street geschätzt. Aktuell (Stand 2018) dulden Christianitter den Handel mit Cannabis von »Rohware« bis zu rauchfertigen Joints in geringem Umfang, Dealer sollen in der Freistadt leben und Stände müssen mobil sein – allenfalls Tische sind erlaubt. Aber: Handel und Besitz sind nach dänischem Recht illegal, in und um Christiania kann die Polizei jederzeit aktiv werden!

chitektur stehen, oder durch das dörfliche **Mælkebøtten** 6, spürt man die kollektiven Ideen der Gründergeneration. Dieses Christiania war immer akzeptiert. Die Male, die die Freistadt ernsthaft vor dem Ende stand, hatten indes mit Drogenhandel zu tun. Er kam von außen, provozierte konservative Kräfte in der Politik und störte den inneren Frieden. Zweimal lehnten sich Christianitter massiv dagegen auf. Ende der 1970er verbannten sie nachhaltig harte Drogen und 2016 griffen sie den organisierten Handel mit Cannabisprodukten an. Aktuell kann man nur im Nationalmuseum sehen, welch solide Dealerbuden hier standen – die Museumsleute sicherten sich ein Exemplar.

Ganz ohne Kifferei kann ich mir Christiania aber nicht vorstellen – im **Café Nemoland** 1, dem alternativen Partydorf, wird man es bestimmt riechen. Aber Christiania hat noch andere Seiten: Im denkmalgeschützten Ex-Artilleriemagazin ›Loppen‹, gleich neben dem Haupteingang, bietet **Galopperiet – Stadens Museum for Kunst** 7 wechselnden Künstlern aus der Freistadt Raum, Werke zu präsentieren.

Ganz oben im selben Gebäude ist der ›Gourmettempel‹ der Freistadt zu Hause: **Spiseloppen** 5 ist mit experimenteller Crossover-Küche in der ganzen Stadt anerkannt. Einen Stock darunter steht der Club **Loppen** 2 für ein Konzertprogramm mit Musik, die dem Mainstream entgegengebürstet ist – Folk, Jazz, Elektronik, Indie, Reggae, Postpunk …

→ **UM DIE ECKE**

Die neuen Hafenbrücken haben den **Panoramaradweg Havneringen** (H 5–F 7/6) geschlossen, 13 km um den Hafen, teilweise über holperige Wege, aber weitgehend vom Autoverkehr getrennt. Noch in Christianshavn nutzt er **Cirkelbroen** 8, die künstlerischste der neuen Brücken: Der dänisch-isländische Künstler Ólafur Elíasson entwarf sie mit fünf gegeneinander verschiebbaren Scheiben, jede mit einem Mast in der Mitte, inspiriert von der Silhouette ankernder Segelschiffe. Weitere Brücken, wie die Fußgänger- und Radfahrerbrücke Bryggebroen und die futuristische Cykelslangen auf Höhe der Shoppingmall **Fisketorvet** (E/F 8) erlauben es, Havneringen etwas abzukürzen.

Autonome toben, Promis ruhen –
Nørrebro

Nørrebro kommt als buntes, vielschichtiges Szeneviertel mit einem großen, manchmal verschleierten Schuss Multikulti daher. Es machte den Anfang, als Kopenhagen über seine Wälle hinauswachsen durfte. Die Wohnkasernen der Industrialisierungsepoche wurden dann ab den 1970ern saniert – Hausbesetzungen und wilde Straßenschlachten inklusive.

Über viele Brücken kann man gehen in Kopenhagen, doch die **Dronning Louises Bro** 1 ist eine der schönsten. Sie bildet auf der meistbefahrenen Pendlerstrecke – fast 40 000 Radfahrer nutzen sie jeden Tag – das Tor zwischen Nørrebro und Indre Byen und überspannt seit 1887 jene künstlichen Seen, die Reservoirs zur Wasserversorgung der mittelalterlichen Wallgräben Kopenhagens waren. Links hinter der Brücke serviert der unübersehbare **Kaffesalonen** ❶ als Terrasse des Arbeiterviertels schon seit 1933 Kaffee, Bier und Snacks.

Nein, so grau wie hier an der Kreuzung im tiefsten Nørrebro sind die Kopenhagener Straßen meist nicht: Zur Sicherheit der Radfahrer werden vielerorts blaue Radwege auf den Asphalt gemalt.

Die Sandwiches sind richtige kleine Mahlzeiten. Nebenan werden Tretboote verliehen (ab 100 DKK/30 Min. für 2 Pers.).

Apotheke für Nørrebros Herz

In der Baggesensgade, die vom See ins Herz Nørrebros hineinstößt, stehen sich Sanierungskonzepte gegenüber: rechts Neubaukasernen, links renovierter Altbau. Der **Blågårds Plads** **2** ist der Mittelpunkt des Sanierungsgebietes und das **Café**

INFOS/ÖFFNUNGSZEITEN

Assistens Kirkegård 3: Kapelvej 4, www.assistens.dk, April–Sept. 7–22, sonst 7–19 Uhr

NØRREBRO ZUM ANBEISSEN

Kaffesalonen 1: Peblinge Dossering 6, www.kaffesalonen.com, Mo–Fr/Sa, So 8/10–24 Uhr, 85–135 DKK
Café Blå 2: Blågårdsgade 17, www.cafeblaa.dk, Mo–Fr/Sa, So 8/9–22 Uhr, nur vegan ca. 35–110 DK
Props Coffee Shop 3: Blågårdsgade 5, www.facebook.com/propscoffeeshop, Mo–Mi/Do–Sa 11–24/2, So 12–23 Uhr

NACHT IN NØRREBRO

Café Blågårds Apotek 1: Blågårdsgade 20, www.kroteket.dk, Mo–Do/Fr/Sa 14/12–2, So 12–22 Uhr. Rund 200 Konzerte pro Jahr, aber nur wenige im Hochsommer, Mo–Do meist gratis, Fr/Sa geringer Eintritt.
Terroiristen 2: Jægersborggade 52, www.terroiristen.dk, Mi/Do 17–23, Fr/Sa 16/13–24 Uhr, auch Weinladen!
Mikkeller & Friends 3: Stefansgade 35, www.mikkeller.dk/location/mikkeller-friends/

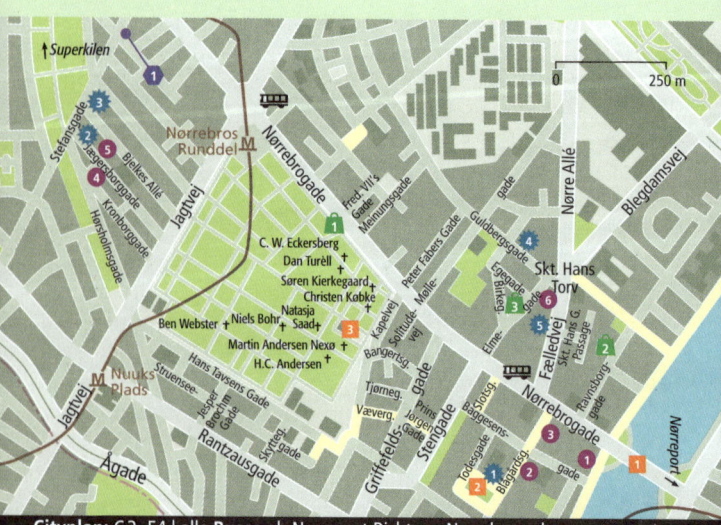

Cityplan: C3–E4 | alle **Busse** ab Nørreport Richtung Nørrebrogade

Blågårds Apotek  an seinem Rand eine Institution im Viertel als Café und Musikkneipe seit den 1970er-Jahren. Viele Stammgäste sind mit ihr alt geworden, aber die Konzerte (Blues, Rock, Jazz) locken längst auch deren Kinder und Enkel.

Die Blågårdsgade zeigt sich als multikulturelle Ausgeh- und Einkaufsstraße, vollgepfropft mit Straßencafés und Ständen für Obst, Gemüse und Trödel aller Art. Das unscheinbare **Café Blå** ❷ mit seiner Wohnzimmeratmosphäre ist für seine Kaffeespezialitäten, Hammer-Kuchen und ein gutes veganes Angebot berühmt. Und im **Props Coffee Shop** ❸, dessen Einrichtung immer aussieht, als stamme sie von einem Trödelmarkt irgendwo in der Provence oder Toskana, kann man alles, was nicht niet- und nagelfest ist, kaufen. Irgendwo sollte ein Preisschild kleben.

Ein Schwein auf dem Autodach mitten in Nørrebro? Was will uns das sagen? Vielleicht ein Reklamegag?

Prominent gelegen

Das trendige Nørrebro folgt der Nørrebrogade stadtauswärts. Rechts Shops, Cafés und Kneipen, links eine Friedhofsmauer, vor der sich im Sommer jeden Samstagvormittag der **Nørrebro Loppemarked** ❶ (April–Okt. 8–14 Uhr) aufstellt, Kopenhagens längster Flohmarkt.

Der **Assistens Kirkegård** ❸ hinter der gelb getünchten Mauer wurde Mitte des 18. Jh. angelegt, um die überquellenden Friedhöfe innerhalb der damaligen Stadtmauern zu entlasten. Ursprünglich für die Armen gedacht, ist er längst Kopenhagens Promifriedhof. Im Besucherzentrum am Eingang Kapelvej gibt's einen Lageplan, wo die VIPs unterschiedlichster Couleur liegen, u. a. Märchendichter H. C. Andersen, Philosoph Søren Kierkegaard, Arbeiterdichter und DDR-Ehrenbürger Martin Andersen Nexø, Krimiautor und Beatnik Dan Turèll, Atomphysiker Niels Bohr, Jazzsaxofonist Ben Webster, Hip-Hop-Sängerin Natasja Saad, die Maler C. W. Eckersberg und Christen Købke. Und während die Kultur- und Geistesgrößen unter der Erde schlummern, liegen an schönen Tagen Sonnenhungrige aus Nørrebro über ihnen auf dem Gras – der Friedhof ist der Garten ihres Viertels.

Neue Küche, abgedrehte Biere

Die Pappelallee quer über den Friedhof nutzen Radfahrer gern als ›grüne‹ Abkürzung. In der Verlängerung ist die Jægersborggade eine ange-

▶ **LESESTOFF**

Es brodelt in Nørrebro. Ein Jugendzentrum soll geschlossen werden. Autonome machen mobil. Blaulicht überall. Straßenschlachten. Unruhe. Dann liegt eine Leiche auf dem Assistens Kirkegaard. Ermordet, und gekleidet wie ein Autonomer. Der Tote liegt ausgerechnet dort, wo die Polizei die absolute Kontrolle hatte. Starb er unter den Augen der Polizei, oder durch sie? Axel Steen, ein typisch düsterer Nordic-noir-Ermittler mit Beziehungs- und Drogenproblemen, lebt in Nørrebro. Der Fall spielte sich vor seiner Haustür ab. Und obwohl er eigentlich bei der Polizeitruppe eher geduldet als geachtet wird, soll er es richten … Ob man jedoch in dieses düstere, schmutzige, gewalttätige Nørrebo will, wenn man **Jesper Steins Krimis** mit Ermittler Axel Steen – bisher sind die Titel **Unruhe, Weißglut, Bedrängnis und Aisha** erschienen – gelesen hat, steht auf einem anderen Blatt.

Auch **nördlich der Nørrebrogade** pulsiert in Nørrebro das Leben: Flohmarktfans fahren garantiert auf die Secondhandshops in der **Ravnsborggade** ➋ (▶ S. 99) ab. Oder mögen Sie lieber innovative, junge Modedesigner? Dann unbedingt zur **Elmegade** ➌ zwischen Nørrebrogade und Skt. Hans Torv – hier hatten schon mehrere heute bekannte Modemacher ihre ersten Läden. Der Skt. Hans Torv selbst ist ein kleiner Hotspot zum Essen und für den späten Abend, u. a. mit **Rust** ➍ (▶ S. 109), **Restaurant Barcelona** ✳ (▶ S. 108) und dem minimalistischen **Café Plenum** ➏ (▶ S. 91).

sagte Straße der Kunsthandwerker, Boutiquen, Schmuckdesigner, Karamellkocher, Weinbars, Cafés, Ökobäckereien und Restaurants von Pizzeria- bis Bio-Gourmetklasse. Das **Relæ** ➍ trägt seit 2012 einen Michelin-Stern, gilt dafür aber als preiswert. Ist es ausgebucht, wartet gegenüber seine ›Bio-Landküchen-Dependance‹, das **Manfreds** ➎ (beide ▶ S. 93). Sie wollen nach dem Essen noch ein Glas trinken? Die Weinbar **Terroristen** ✳ setzt auf ökologisch produzierte, traditionell gekelterte und oft ungefilterte Terroir-Weine kleinster Weingüter aus bekannten, aber auch weniger bekannten Anbauländern wie Slowenien, Georgien oder Bulgarien.

Und das Lifestyle-Leben wächst weiter um die Ecke in die Stefansgade: Immer mehr Lokale und Szeneshops öffnen hier. Und wenn die Kultbrauer von **Mikkeller & Friends** ✳ eine Kneipe aufmachen, weiß jeder: Hier geht was ab. Die zapfen mit geradezu missionarischem Eifer Dutzende Craft-Biere kleiner und kleinster Mikrobrauereien vom Fass und haben noch mehr in Flaschen parat. Angeschlossen ist die intime belgische **Bierbar Koeschip,** die sogar Lambiek-Biere ausschenkt, gebraut nach der uralten Methode der Spontangärung ohne Hefe.

➤ UM DIE ECKE

Am Nordende der Jægersborggade verläuft einer von Kopenhagens grünen **Radwegen** durch den **Nørrebroparken.** Folgen Sie ihm z. B. mit einem der *bycykler* (**Leihstation** ➊ vor Stefansgade 9) Richtung Norden, ist schnell **Superkilen** (🗺 C 1/2) erreicht. Mit diesem urbanen Landschaftspark wollen die beteiligten Architektenbüros – federführend die Bjarke Ingels Group/BIG – das zuvor recht heruntergekommene äußere Nørrebro revitalisieren: Ein im wahrsten Sinne des Wortes ›Roter Platz‹ mit Familienschaukeln und öffentlichen Fitnessgeräten, eine grüne Lunge und dazwischen eine gigantische, geschwungene Fläche für Skater und Radfahrer, aufgelockert mit an fremde Kulturen angelehnten Objekten, die zum Sitzen und Klettern einladen – Superkilen soll ein Platz für Menschen aus allen Kulturen und Religionen sein. Über 50 Nationalitäten leben im Umfeld.

Die Jægersborggade ist eine Straße der kleinen Cafés und innovativen Boutiquen.

In der anderen Stadt –
Frederiksberg

Zwar kuschelt sich das selbstständige Frederiksberg so an das schrille Vesterbro, dass Fremde die Stadtgrenzen nicht registrieren, wohl aber die atmosphärischen Veränderungen: Es ist bürgerlicher, konservativer und etwas ›sniffy‹.

Kommen Sie unbedingt über die Frederiksberg Allé nach Frederiksberg hinein, eine grüne Prachtallee mit properen Bürgerhäusern aus der Zeit um 1900. Zum Frederiksberg Have hin wird sie auch Theaterboulevard, obwohl die Zahl der freien Bühnen hier seit Jahren schrumpft.

Fast schon britisch

Sie lieben Gärten? Dann werfen Sie einen Blick in **Haveselskabets Have** 1, der 1830 nach englischen Vorbildern gegründeten Königlich Dänischen Gartengesellschaft. Der eigentliche **Frederiksberg**

Da ist die Großstadt gleich ganz weit weg: Spätsommerlicher Spaziergang im Park Søndermarken.

INFOS/ÖFFNUNGSZEITEN

Zoologisk Have ▣4: Roskildevej 32, www.zoo.dk, Ostern–Kalenderwoche 42 tgl. min. 9–17, sonst tgl. min. 10–16 Uhr; ab 12 Jahre je nach Saison 180 oder 195 DKK, 3–11 Jahre ganzjährig 100 DKK

Cisternerne ▣5: Søndermarken, www.cisternerne.dk, bei Ausstellungen Di–So min. 11–18 Uhr, 50 DKK

KLEINE GÄRTEN ...

Was Münchnern die Bierkeller sind Kopenhagenern *de små haver*, Gartenlokale an der Pile Allé. Hier trifft sich die Generation 50plus zum Schunkeln und Singen oder zu Familienfesten. Mittags, wenn es noch relativ ruhig ist, gibt's traditionelle Frokost mit Smørrebrød und Anretninger. Auch abends bleibt die Küche ›bürgerlich‹. Der größte ist **M. G. Petersens Gamle Familiehave** ●1 (www.petersensfamiliehave.dk, Ostern–Mitte Sept. tgl. min. 12–19, ab Mai 11–23 Uhr), intimer **Krøgers Have** ●2 (www.kroegershave.dk, Ostern–Ende Sept. tgl. und einige Vorweihnachtstage min. 11.30–19 Uhr, Hochsaison länger); ganzjährig **Hansens Gamle Familiehave** ●3 (www.hansenshave.dk, Mai–Sept. und Vorweihnachtszeit tgl. 11–23/24 Uhr, sonst Mo, Jan/Febr. auch Di ganz und So abends geschl.).

... UND GROSSE KÜCHE

In der fast 300 Jahre alten, ehemaligen Orangerie der Haveselskabets Have kocht Jakob Mielcke in einer eigenen Dimension. Dass **Mielcke & Hurtigkarl** ●4, das er mit der Kochlegende Jan Hurtigkarl betreibt, noch keinen Michelin-Stern hat, wundert selbst Kollegen – ist er den Michelin-Kritikern zu experimentell und exotisch oder waren sie nur vom extravaganten Design des Lokals abgelenkt? Für einen tollen Abend zu zweit mit passenden Weinen zum Menü sollte man aber ca. 3000–4000 DKK kalkulieren (Frederiksberg Runddel 1, T 38 34 84 36, www.mielcke-hurtigkarl.dk, Di–Sa abends ab 18 Uhr).

Cityplan: A/B 5–8 | **Busse:** Frederiksberg Runddel, De Små Haver, Zoologisk Have ab Zentrum oder **Bus** 8A ab Frederiksberg Station, **Metro:** Frederiksberg Allé

Have ▣2 war ursprünglich von einem gradlinigen, barocken Wegenetz durchzogen, an einigen Stellen unterhalb des **Frederiksberg Slot** ▣3 – heute Militärakademie – noch sichtbar. Der größte Teil folgt aber den Idealen englischer Gartenarchitektur des 19. Jh. mit Kanälen, Brücken, Wasserfällen und Inseln. Es gibt sogar eine kleine Seilzugfähre. Auf den Kanälen wird fleißig gerudert, mit **Bådene i Frederiksberg Have** ●1 dauert eine ›Kanalrundfahrt‹ auf eigene Faust etwa 20 Minuten (nur im Sommer, Zeiten je nach Witterung).

Tierisches und Tropfsteinhöhlen

Die Südwestecke des Parks nimmt der **Zoo** 4 ein, zum Teil noch mit traditionellen Tiergehegen, aber immer mehr mit Landschaftsszenarien. Die Elefantenanlage entwarf der britische Stararchitekt Sir Norman Foster, der schon beim Reichstagsumbau in Berlin Erfahrung mit Häusern für große Tiere sammelte. Außergewöhnlich ist auch die neue Eisbärenanlage mit einem gläsernen Unterwassertunnel – selten kommt man den Königen der Arktis so nah. Der Zoo dehnt sich längst auch jenseits des Roskildevej aus, in das Gebiet der nächsten großen Grünanlage hinein, Søndermarken. Unter dessen Gras verstecken sich **Cisternerne** 5, der ungewöhnlichste Raum für extravagante Installationen und Ausstellungen in der Stadt: Die kalt-feuchten, ehemaligen Zisternen der städtischen Wasserversorgung aus den 1850ern wirken wie futuristische Tropfsteinhöhlen – es lohnt nach dem aktuellen Programm zu sehen.

→ UM DIE ECKE

1874 gründete Jacob Christian Jacobsen eine Brauerei auf einer Anhöhe damals vor den Toren der Stadt und benannte sie nach seinem Sohn Carl: Carlsberg ist heute ein *global Player* in Sachen Bier mit über 40 000 Mitarbeitern. 2008 endete die Massenproduktion am Stammsitz. Auf dem alten Betriebsgelände entsteht gerade **Carlsberg Byen** – urbanes Wohnen für 8000 Menschen plus Fachhochschul-Campus für 10 000 Studenten inmitten beeindruckender Industriearchitektur: Wahrzeichen ist das Tor mit vier Elefanten aus Bornholmer Granit über dem Ny Carlsbergvej. Sie tragen Hakenkreuze, das alte Carlsberg Markenzeichen. Die Brauerei gab es schon 1930 auf, um nicht mit Hitlers Bewegung in Verbindung gebracht zu werden! Im neuen Viertel bleibt das **Carlsberg Besøgscenter** 6, das die Geschichte des Konzerns dokumentiert, in einem kleinen Brauhaus übers Bierbrauen informiert und Carlsberg-Produkte probieren lässt. (Wegen Umbaus bis min. 2020 geschlossen, über den Status informiert www.visitcarlsberg.dk).

2. WAHL

Den kongelige Porcelænsfabrik, heute **Royal Copenhagen,** stellte von 1884 bis 2004 am Rande des Frederiksberg Have edelstes Porzellan her. Inzwischen wird in Thailand produziert, aber im Outlet am alten Standort können noch Stücke zweiter Wahl oder von auslaufenden Serien mit Rabatt gekauft werden: **Royal Copenhagen Factory Outlet** : Søndre Fasanvej 9, 2000 Frederiksberg, www. royalcopenhagen.com, Mo–Fr/Sa 10–18/15 Uhr.

Royal Copenhagen für Frederik und Mary zur Hochzeit 2004

Ü ÜBRIGENS

Sie wollen nach dem letzten Bier in den **Små Haver,** den Biergärten an der Pile Allé, ihren Orientierungssinn testen? Kein Problem: Zwischen den Schunkellokalen gibt es das **Tuborg Labyrint** 7, ein Heckenlabyrinth in Form einer Bierflasche.

Panoramafahrt in die Zukunft – **Ørestad**

Müde Beine? Quengelnde Kinder? Dann in die Metro Richtung Vestamager. Kids staunen, wenn sie in den führerlosen Zügen hinter der Panoramascheibe sitzen, und Sie sehen Kopenhagens Zukunft: Ørestad – kleines Dubai am Øresund.

Am Øresund, gleich ›um die Ecke‹ der Zukunftsstadt, gibt es zwei Meeresschwimmbäder, die klassische Helgoland Søbadeanstalt und hier das moderne, architektonisch extravagante Kastrup Søbad.

Hypermodern und umweltfreundlich sind die Schlagworte: Bis 2030 soll Ørestad fertig sein, eine 310 ha große Stadtlandschaft mit Parks, Seen und künstlichen Kanälen, die urbanes Leben mit kreativen Arbeitsplätzen in Wissenschaft, Forschung, Kommunikation, Medien und Hightech vereint. Aus Mitte der 1990er stammt ein Grundplan für Ørestad mit vier ›kvarter‹, Daniel Libeskind steuerte dann den Masterplan für ›Downtown Ørestad‹ bei, das Zentrum. Und die Chance, sich mit spektakulären Projekten auf dieser architektonischen Spielwiese zu profilieren, nutzten junge dänische Architekten, allen voran Bjarke Ingels, dessen Architekturbüro BIG heute ein Global Player der Branche ist.

Bildung trifft Kultur

Aus der Innenstadt kommend wird die Metro auf Höhe der **Universität** von einer Untergrund- zur Hochbahn. Auffälligstes Gebäude im Unibereich ist das kreisrunde Studentenwohnheim **Tietgenskollegiet 2**. Außen holzverkleidete Trutzburg, innen ein Hof für alle Bewohner – die Architekten nahmen die Tulou-Häuser in der chinesischen Provinz Fujian zum Vorbild. Der blau schimmernde Kubus neben der Metrotrasse ist das vom französischen Architekten Jean Nouvel entworfene **Konzerthuset 3** des Dänischen Rundfunks, Teil des Medienparks DR Byen. Die transparente Fassade dient oft als Leinwand für Licht- und Bildprojektionen und im Inneren ›schwebt‹ ein 1800-Plätze-Konzertsaal.

Spektakulär wohnen und lernen

An der Metrostation Bella Center ist Kopenhagens Messezentrum erreicht. Überragt wird es von Skandinaviens größtem Hotel: 812 Zimmer in zwei 76-m-Türmen, die sich oben voneinander wegdrehen – das **Bella Sky Copenhagen 1** ist doppelt so ›schief‹ wie der Turm von Pisa. Dann passiert die Metro zwei viel prämierte Wohnkomplexe, die Bjarke Ingels Ruhm begründeten: **VM Bjerget 4** mit 80 Luxuswohnungen, verteilt über zehn Etagen, alle mit kleinen Dachterrassen und angeordnet wie ein Bergdorf. Den ›Berg‹ darunter gibt ein Parkhaus. **VM Husene 5** nebenan haben einen Grundriss wie ein flach gedrücktes V und ein flach gedrücktes M. Diese Kombination soll allen 221 Wohnungen optimal Licht und Aussichten geben. Markenzeichen sind weit aus der Glasfront des V-Hauses ragende, dreieckige Stahlbalkone.

Die nahe Reformschule **Ørestad Gymnasium 6** ist eher innen ungewöhnlich als äußerlich spektakulär: Um eine über alle Etagen bis zum Dach schwingende Treppe ziehen sich offene Lern-, Relax- und Kreativzonen – Klassenräume gibt es nicht mehr.

Die große Acht

An einer Kette kleiner, künstlicher Seen endet die neue Welt. In Form einer gigantischen Acht stößt

F
FAKTEN

…Fakten, Fakten für den nächsten Smalltalk über Kopenhagen: **Ørestad** zieht sich bis zu 600 m breit von der Uni etwa 5 km Richtung Flughafen. Mitten durch diesen Keil verläuft ein Boulevard und die Metro mit sechs Stationen. Zur Rushhour fährt alle 3, sonst alle 6 Min. ein Zug Richtung Innenstadt, ab Station Ørestad sind es 10 Min. zum Kongens Nytorv. Alternativ ist man bis zu 6 x pro Std. in 7 Min. mit Kystbanen (▶ S. 112) am Hauptbahnhof.

Der **Bebauungsplan** sieht rund 3,1 Mio. m² Fläche in den Gebäuden für Wohnungen (ca. 20 %), kommerzielle (ca. 60 %) oder kulturelle und kollektive (ca. 20 %) Nutzung vor. Der größte »Raum« ist die **ROYAL ARENA 7** (Programm: www.royalarena. dk) für bis zu 16 000 Zuschauer bei Kultur- und Sportevents. Wenn 2030 alles fertig ist, sollen in Ørestad 80 000 Menschen arbeiten und forschen sowie 25 000 wohnen.

► INFOS

Alles über **Ørestad:**
www.orestad.dk

8TALLET 8 ans Ufer mit fast 500 Wohnungen unter seinem begrünten Dach, an dessen Rand ein ›Klippenweg‹ mit Panoramablick um den ganzen Bau führt. Von der Terrasse des **Café 8TALLET** ❶ kann man bei Bruschetta oder Smørrebrød die unverbaubare Aussicht auf das Naturschutz- und Freizeitgebiet **Kalvebod Fælled** ❶ genießen. Gehen Sie einmal hinüber in diese andere Welt und

ESSEN IN DER 8
Café 8TALLET ❶**:** Richard Mortensens Vej 81 A, www.timos.dk/restaurant-8tallet, Kernzeit 11–21 Uhr

WOHNEN IN KULTOBJEKTEN
AC Hotel Bella Sky Copenhagen 1**:** Center Blvd. 5, 2300 Køb S, T 32 47 30 00, www.acbellaskycopen

hagen.dk. vornehmlich Businesshotel, Tagespreise ab ca. 1000 DKK + Frühstück
Hotel Cabinn Metro 2**:** Arne Jakobsens Allé 2, 2300 Køb S, T 32 46 57 00, www.cabinn.com, 709-Zimmer-Budgethotel nach Plänen von Daniel Libeskind, in der Lounge 3-D-Modell seines Ørestad-Masterplans, Zi ab 625 DKK + Frühstück, Familienzimmer

Cityplan: Karte 3, B 3 | **Metro** M1 ab Innenstadtstationen durch Ørestad bis Vestamager, **Metro** M2 bis Amager Strandpark oder Kastrup

Ganz schön zackig die Balkone der WM-Huse- ne in Ørestad – ob sie auch gesellig sind?

schauen Sie von dort auf Ørestad: Ist das eine Zukunft, in der Sie leben möchten?

→ UM DIE ECKE

Zum Freizeitangebot von Ørestad gehört der **Amager Strandpark** ❷: Bis zu 40 000 Besu- cher kann die künstliche Insel mit fast 5 km Sandstrand aufnehmen, dahinter liegen Pro- menaden, Cafés, Kioske, Dünen und eine La- gune als Wassersportrevier – Kajaks und SUP- Boards verleiht **Kajakhotellet** ❸ (Havkajakvej 8, www.kajakhotellet.dk, Sommer Mo–Fr 12–19, Sa, So 10–17 Uhr, Okt.–April kürzer). Vor dem Nordende steht in markantem Türkis das Meeresschwimmbad **Helgoland Søbade- anstalt** ❹ (Øresundsstien 11, Mai–Sept., gra- tis) im Øresund, die Ikone des Kopenhagener Badelebens. Nach Süden folgt die Promenade dem Øresundufer vorbei am **Kastrup Søbad** ❺ (Amager Strandvej 301, 2770 Kastrup, gratis, mit Aufsicht Juni–Mitte Sept., sonst einge- schränkt zugänglich), der modernen Variante einer Meerbadeanstalt, bis zum futuristischen Danmarks Akvarium – **Den Blå Planet** ❾, mit seiner glänzenden Metallhaut in Form eines Strudels. Über 50 Aquarien dokumentieren Leben in heimischen wie fernen Gewässern. Auf der Nordatlantik-Vogelklippe, die rund ums Jahr dem realen Wetter ausgesetzten ist, leben sogar Papageitaucher, die gern zwischen Dorschen und Schellfischen unter Wasser ›flie- gen‹. Weitere Highlights sind Shows der leicht zu trainierenden Meerotter und das Ozeana- rium mit gläsernem Unterwassertunnel und riesiger Panoramascheibe, in dem Haie und Rochen ihre Bahnen ziehen (Jacob Fortlingsvej 1, 2770 Kastrup, www.denblaaplanet.dk, tgl. 10–17, Mo –21 Uhr, 170 DKK, 95 DKK/3–11 Jahre, große Gastronomie).

Kinder und moderne Architektur erkunden? So verrückt ist die Idee nicht: Gehen Sie ganz im Süden von Ørestad über die letzten künstli- chen Seen hinaus. Da können Kids auf dem Natur-Art-Abenteuer- Spielplatz ›**Himmels- høj**‹ ❻ toben, den Alfio Bonanno, ein bekannter Land-Art-Künstler, gestal- tete. Hinterher gibt's im **Traktørstedet Vest- amager** ❼ ein deftiges Frokost, das man gern auf eine der Picknick- bänke mitnehmen darf: Granatvej 9, www. traktørstedetvestamager. dk, Di, Fr–So 10–17, Mi–Do 10–20 Uhr, kaum etwas über 100 DKK, Mi und Do abends rustikales aber günstiges Essen – hier trifft man mehr Kopenhagener als in jedem Restaurant der Innenstadt.

Das Museumsdreieck –
Glyptotek, National-museum, Bymuseum

Sie ergänzen sich perfekt: Kunst hier, Kulturge-schichte und Ethnografika dort. Die Ny Carls-berg Glyptotek und das Nationalmuseum sind Museen von Weltgeltung und heben Kopenha-gen auf Augenhöhe zu anderen Metropolen. Mitte 2019 bekommen sie mit dem neuen Stadt-museum Zuwachs und eine lokale Note.

Vorbilder für Künstler der nächsten Genera-tion: die Skulpturen der Antike in der Ny Carlsberg Glyptotek.

Die bedeutendste Sammlung antiker Skulpturen aus Ägypten, Griechenland und Rom nördlich der Alpen, ergänzt durch Gemälde und Skulpturen französischer Impressionisten und Postimpressi-onisten, findet sich in der **Ny Carlsberg Glypto-tek** 1. Museumsstifter Carl Jacobsen bestellte bei einem Parisbesuch im Jahr 1900 gleich mehrere

Werke bei seinem Freund Rodin persönlich. Bestens vertreten in der Sammlung ist auch Paul Gauguin. Er war mit der Dänin Mette Gad verheiratet und lebte einige Zeit in Kopenhagen. Schmuckstück ist das ›Mädchen mit der Blume‹, Porträt einer Tahiti-Schönheit und eines der ersten Bilder, das Gauguin aus der Südsee nach Europa verkaufte. Betritt man das Museum, wird man indes von dem Werk eines Dänen aus dem frühen 20. Jh. begrüßt: Kai Nielsens ›Vandmoder‹, die anmutige Wassermutter mit ihren wuseligen Kindern.

Wer sind die Dänen?

Das **Nationalmuseet** 2 will seinen Besuchern zeigen: Das sind die Dänen! Es dokumentiert Kulturepochen und Gesellschaftsphänomene von ersten behauenen Steinen bis zur authentischen blauen Dealerbude aus der Pusher Street in Christiania, die ein mit der Freistadt sympathisierender Künstler gestaltet hatte – das Haschisch in den Auslagen ist Attrappe! Bedeutend ist auch die Abteilung über arktische Völker. Grönland war lange dänische Kolonie und Dänen wie Ludvig Mylius-Erichsen, Knud Rasmussen und Peter Freuchen erforschten das Leben der Inuit intensiv wie niemand sonst.

Die in meinen Augen spannendste Abteilung ist die Vor- und Frühgeschichte. *Danmarks Oldtid* spricht mit modernen, effektvollen Museumskonzepten sogar Kinder an. Viele Funde aus Bronze- und Eisenzeit stehen dabei für die Kulturgeschichte des ganzen Nordens, wie die Luren, die als Opfergaben in Sümpfen landeten, die Hörnerhelme von Viksø aus der Bronzezeit, die Hollywood für die 1800 Jahre später lebenden Wikinger adaptierte, echte Wikinger aber nie trugen. Und dann sind da die Runensteine, gewichtige Zeugnisse über das Vordringen der Schrift in den Norden.

Mit Kohle von heute durch die Vorzeit

Schauen Sie in Ihr Portemonnaie! Die aktuellen Kronenscheine eignen sich perfekt für eine Tour durch die Vorzeit-Abteilung, denn alle abgebildeten Objekte auf den Scheinen finden sich hier: Die mit feinen Mustern verzierte Tonschale Skarpsallingkarret vom 50er dürfte gut 5200 Jahre alt sein. Perfekt aus Flint geschlagen ist der Hindsgavls-Dolch aus der späten Steinzeit vom

*Was Bier mit Kunst am Hut hat? Carl Jacobsen, Sohn des Gründers der Carlsberg-Brauerei, und selbst erfolgreicher Brauer, schenkte 1888 die familieneigene Skulpturensammlung dem dänischen Volk, Grundstock der **Ny Carlsberg Glyptotek,** die bis heute mit Einnahmen aus dem Bierverkauf gefördert wird. Philanthrop wie sein Vater J. C. Jacobsen, vererbte auch Carl seinen Besitz einer Stiftung, die Teil des Carlsbergfondet ist, den sein Vaters ins Leben rief. Laut Vermächtnis der Gründer muss die Stiftung eine Mehrheit von mindestens 51 % an der Brauerei Carlsberg – weltweit die Nr. 4 – halten. Von dort stammen die Gelder, mit denen in ganz Dänemark Kunst und wissenschaftliche Forschung gefördert wird. Die Ny Carlsberg Glyptotek ist das größte Einzelprojekt im Bereich der Kunst.*

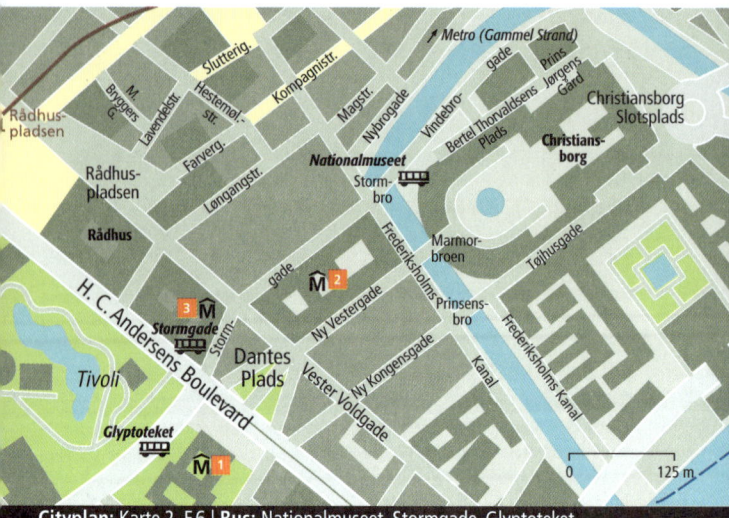

Cityplan: Karte 2, F 6 | **Bus:** Nationalmuseet, Stormgade, Glyptoteket

INFOS/ÖFFNUNGSZEITEN

Ny Carlsberg Glypto-tek 1: Dantes Plads 7, www.glyptoteket.dk, Di–So 11–18, Do –22 Uhr, 115 DKK, 85 DKK/18–26 Jahre, Di gratis, außer bei Sonderausstellungen

Nationalmuseet 2: Ny Vestergade 10, www.natmus.dk, Di–So 10–17 Uhr, 95 DKK, mit Kind 80 DKK

Københavns Museum 3: Stormgade 18, www.cphmuseum.kk.dk, Wiedereröffnung bei Redaktionsschluss dieser Auflage für Juni 2019 angekündigt, Infos dann auf der Website.

100er. Bei den Grabfunden stößt man auf die mit Spiralmustern verzierte Gürtelplatte aus Bronze vom 200er – um 1400 v. Chr. war das Mode der Oberschicht. Der Trundholm Solvogn vom 1000-Kronen-Schein ist Nordeuropas bedeutendster Fund aus der älteren Bronzezeit: Ein Pferd zieht einen Wagen mit vergoldeter Sonnenscheibe. Der jüngste Fund vom 500er erzählt von frühem Handel mit anderen Kulturen: Der in Fragmenten erhaltene Bronzekübel von Keldby auf Møn zeigt griechische Einflüsse und dürfte um 400 v. Chr. auf dem Balkan gefertigt worden sein.

Das wird erst noch

Das traditionsreiche Stadtmuseum **Københavns Museum** 3 soll Mitte 2019 in neuen Räumlichkeiten seine Tore wieder öffnen, dann hat Kopenhagen hier hinter dem Rathaus ein beachtenswertes Museumsdreieck. Die Archäologen des Hauses sind für alle Ausgrabungen in der Stadt verantwortlich und der Metroausbau verschafft ihnen einzigartige Möglichkeiten, in den Untergrund zu schauen. Funde und neue Erkenntnisse werden in die neuen Ausstellungen einfließen. Das Museum besitzt zudem ein großes Bildarchiv, aus dem immer wieder Themenausstellungen bestückt werden.

Kunst, Kronen, Kino –
das Viertel der Parkmuseen

13

Der Garten des Königs, Kongens Have, ist im Sommer der liebste Pausenhof der Indre Byen. Zusammen mit dem Park Østre Anlæg und dem Botanisk Have bildet er die Klammer für die Parkmuseerne, unter deren Dach sechs bedeutende Museen von Naturgeschichte über Kino bis Kunst zusammenarbeiten, inspiriert von Berlins Museumsinsel.

Sie ist nicht nur das größte der Parkmuseen, sondern auch das größte Haus für Bildende Kunst in Dänemark: die Nationalgalerie Statens Museum for Kunst – kurz **SMK** **1**. In einem architektonisch spannenden Mix des alten Hauptgebäudes aus dem späten 19. Jh. und des 100 Jahre jüngeren Anbaus zeigt es Kunst aller wichtigen Epochen bis in die Gegenwart. Die ältesten Gemälde sind

Statens Museum for Kunst arrangiert seine Bestände immer wieder neu – hier eine Salonaufhängung klassischer Werke im neuen Flügel.

L
LIEBLING

Ich mag die Kunst der Moderne und Gegenwart, die im neuen Flügel des **SMK** **1** bestens vertreten ist, habe im alten Flügel aber einen Favoriten: den Flamen Cornelius Norbertus Gijsbrecht. Mitte des 17. Jh. ein verkanntes – es gibt nicht einmal sichere Lebensdaten von ihm – aber geradezu avantgardistisch wirkendes Genie. Zwischen 1668 und 1672 malte er als Hofmaler in Kopenhagen 22 Werke im Trompe-l'œil-Stil, jener illusionistischen Malerei, die gern das Auge täuscht und heute in der Fassadenmalerei en vogue ist. 19 seiner Werke besitzt das SMK. Cool das Gemälde eines gerahmten Gemäldes von hinten – schaut man mit etwas Abstand, steht da wirklich ein Bild verkehrt herum an der Wand.

Nebenwerke italienischer und flämischer Meister aus dem 15. und 16. Jh. Ab Ende des 18. Jh., als die dänische Kunst mit Nicolai Abraham Abildgaard ihre Eigenständigkeit entwickelte, wurde systematisch gesammelt. Gut vertreten sind natürlich die großen Skandinavier wie Nolde, der dänischer Staatsbürger war und von Dänen als Landsmann betrachtet wird, oder Munch.

Im wahrsten Sinne im Schatten der Nationalgalerie steht **Den Hirschsprungske Samling** **2**, die auf die Stiftung des Tabakfabrikanten Heinrich Hirschsprung zurückgeht und vor allem dänische Malerei des 18., 19. und frühen 20. Jh. zeigt: Das Goldene Zeitalter und die Skagenmaler sind Schwerpunkte. Mit mehreren Werken ist der in Deutschland hochgeachtete Vilhelm Hammershøj vertreten, u. a. mit einem seiner melancholischen Hauptwerke: »Interieur mit lesendem jungen Mann«. Eine kleine, aber exquisite Auswahl von Hammershøj-Gemälden besitzt auch **Davids Samling** **3**. Das besondere Interesse des Juristen C. L. David galt jedoch der islamischen Kunst und seine Sammlung zählt zu den besten außerhalb der islamischen Welt.

Filmreif: das Kino

Kopenhagen war ein europäisches Hollywood auf Augenhöhe mit Paris, solange der Film stumm und Sprache keine Barriere für den Export war – Nordisk Film, 1906 in Kopenhagen gegründet, ist heute die älteste international aktive Filmgesellschaft der Welt. Das Erbe dieser Zeit pflegt das Dänische Filminstitut, dessen **Cinematek** **4** zu den Parkmuseen zählt, obwohl es in erster Linie ein Arthouse-Kino ist, das in Retrospektiven und Themenreihen das anspruchsvollste Filmprogramm der Stadt zeigt. Dazu gehört ein exzellentes Café-Restaurant, dessen Name für einen gastronomischen Betrieb eher ungewöhnlich ist: **Sult** **1**, Hunger, nimmt Bezug auf eine 1966er-Verfilmung des gleichnamigen Romans von Knud Hamsun.

Königlich: das Schloss

Christian IV. ließ ab 1607 eine königliche Villa im Grünen zum kleinen, aber repräsentativen Renaissanceschloss **Rosenborg** **5** umbauen, das bis ins 18. Jh. als königliche Sommerresidenz diente. Im Keller sind die Kronjuwelen zu bestau-

Im Schatzkeller von Schloss Rosenborg funkeln Dänemarks Kronen.

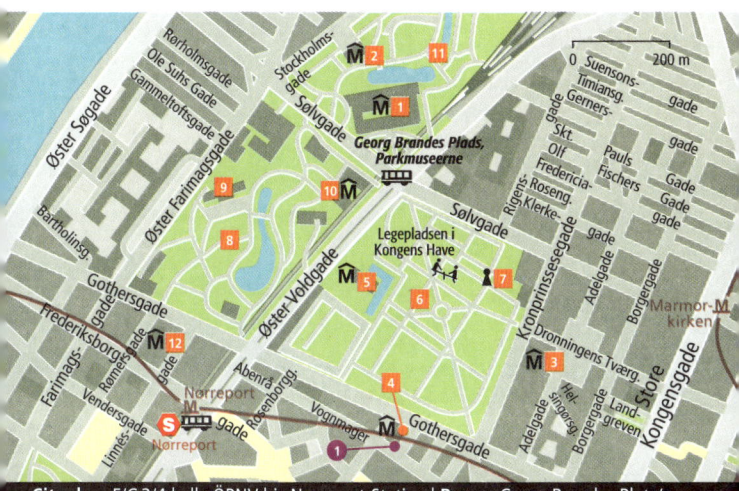

Cityplan: F/G 3/4 | alle ÖPNV bis Nørreport-Station | **Busse:** Georg Brandes Platz/ Parkmuserne

INFOS/ÖFFNUNGSZEITEN

www.parkmuseerne.dk: Sammelticket bei allen beteiligten Attraktionen (195 DKK, 1 Jahr gültig für vier Museen, Palmenhaus, Rabatt im Shop der Davids Samling, Kinobesuch in der Cinematek).

SMK 1: Sølvgade 48, www.smk.dk, Di–So 10–17, Mi –20 Uhr, 110 DKK, mit Kind 90 DKK, 85 DKK 18–29 Jahre

Den Hirschsprungske Samling 2: Stockholmsgade 20, www.hirschsprung. dk, Mi–So 11–16, 95 DKK

Davids Samling 3: Kronprinsessegade 30, www.davidmus.dk, Di–So 10–17, Mi –21 Uhr, gratis

Cinemateket 4: Gothersgade 55, Programm: www.dfi.dk/cinemateket/ biograf

Rosenborg Slot 5: Øster Voldgade 4 A, www.kongernessamling.dk/rosen borg, Juni–Aug. 9–17, Mai, Sept.–Okt.

10–16, sonst min. Di–So 10–15 Uhr, 110 DKK, Kombi mit Amalienborg (▶ S. 34) 155 DKK

Botanisk Have 8: Eingänge an Gothersgade 128, Øster Farimagsgade 2C, www.snm.ku.dk, April–Sept. tgl. 8.30–18, sonst 8.30–16 Uhr

Geologisk Museum 10: Øster Voldgade 5-7, www.snm.ku.dk, Di–So 10–17 Uhr, 95 DKK, 50 DKK 3–16 Jahre

GENÜSSE IM HUNGER

Sult 1: Vognmagergade 8 B, T 33 74 34 17, www.restaurantsult.dk, Kernzeit Di–So 10–21 Uhr dänische Klassiker ebenso wie Moules frites oder Fish&Chips (ab 155 DKK), Sa/So Brunch ab 9.30 Uhr in drei Sitzungen je 2 Std., 225 DKK (Sie sollten unbedingt reservieren!)

nen, aber auch das königliche Weinlager – die ältesten Flaschen von 1615 ließ noch Christian IV. persönlich einlagern. In den oberen Stockwerken zeigen Gedenkräume Erinnerungen an alle Köni- ge der Oldenburger Linie der dänischen Monar- chie von Frederik II., der 1559 den Thron bestieg,

Das Viertel der Park-museen ist indoor wie outdoor klasse, stellen gerade zwei Freundin-nen im Kongens Have fest.

›Die ließ nix anbrennen‹ würde man wohl heute über Königin Sophie Amalie sagen. Ihr König Frederik III. war indes ein schüchterner Mann, wusste aber von ihren Affären. Er sagte es ihr, nicht durch die Blume, sondern durch den Ring: Ein Penis in zarter Da-menhand, standesgemäß mit Diamanten verziert: ›Tamquam non habens‹ ist eingraviert ›wie sie ihn nicht hatte‹. Kö-nigsexperten interpretie-ren das als: ›Du hattest genug, meinen kriegst Du nicht mehr!‹ Der Ring ist im Grünen Kabinett, im Keller von Rosenborg ausgestellt. Mehr dazu www.kongernessamling. dk/rosenborg/person/ dronning-sophie-amalie

bis Frederik VII., der 1863 starb. Fortsetzung mit den bis heute regierenden Glücksburgern in Schloss Amalienborg (▶ S. 34).

Vielseitig: die Parks

An Schloss Rosenborg schließt der von Sonnen-auf- bis -untergang offene **Kongens Have** 6 an. Unter Christian IV. Blumen- und Gemüsegarten, ist er heute Pausenplatz, Sonnenbank und der beste Spielplatz für Menschen, die in der Indre By leben oder arbeiten. Unter seinen Skulpturen von klassizistisch bis modern ist der **H.C. Andersen** 7 in Bronze von August Saaby am lindengesäumten Damegangen berühmt. Der Botanische Garten **Botanisk Have** 8 entstand unter der Regie der Universität im späten 19. Jh. auf den ehemaligen Stadtwällen. Schmuckstück ist das 1874 nach englischen Vorbildern aus Glas und Gusseisen gebaute und vom Brauer J.C. Jacobsen gestif-tete **Palmenhaus** 9 – ein Flügel dient vom Früh-sommer bis November als **Sommerfuglehus** voller exotischer Schmetterlinge. Am Rande liegt das **Geologisk Museum** 10 mit seinen tonnenschweren Meteoriten, die auf Grönlands Inlandeis gefunden wurden. Dieses Museum wird Teil des neuen **Statens Naturhistoriske Museum,** das als Kombi-nation denkmalgeschützter Alt- und lichtdurch-fluteter Neubauten im Nordteil des Botanischen Gartens bis 2022 entstehen soll. Dort wird auch die Sammlung des Zoologischen Museums mit seinen großartigen Walskeletten endlich einen angemessenen Rahmen bekommen.

Nach Norden setzt sich der Grüngürtel mit **Østre Anlæg** 11 fort, in der die Kunstmuseen SMK und Hirschsprung liegen. Kein anderer Park zeigt seine Vergangenheit als Verteidigungsanlage so deutlich.

→ **UM DIE ECKE**

Im gewerkschaftseigenen **Arbejdermuseet** 12, nur Schritte vom Botanischen Garten entfernt, werden u.a. Arbeits-, Wohn- und Lebens-bedingungen des Proletariats in den nahen Brückenvierteln zur Zeit der Industrialisierung dokumentiert, und wie Dänemark im 20. Jh. ein weltweit richtungsweisendes Sozialsystem entwickelte (Rømersgade 22, www.arbejder museet.dk, tgl. 10–16, Mi bis 19 Uhr, 75 DKK, 55 DKK/18–25 Jahre).

Kunst(t)raum am Øresund – **Louisiana**

Das Louisiana ist ein ›Must see‹, eines der bedeutendsten Museen für Moderne Kunst weltweit. In der eigenen Sammlung sind alle wichtigen Künstler dieser Zeit vertreten, Sonderausstellungen machen regelmäßig international Furore. Und dann liegt das Louisiana noch direkt am Øresund mit grandiosem Blick auf die Meeresstraße – ein Ausflugsziel der Extraklasse. ▼

Wer einmal hier war, schwärmt davon ein Leben lang: Schwerpunkt der Sammlung des **Louisiana** 1 ist die Kunst seit dem Zweiten Weltkrieg, von der CoBrA-Gruppe – deren großem Dänen Asger Jorn ist ein ganzer Raum gewidmet – über Pop-Art und Videokunst der 1990er-Jahre bis zu Exponenten der Gegenwartskunst. Die mobile Kunst von Jean Tinguely zählt zu den Highlights, ebenso Werke von Picasso, Sigmar Polke oder Georg Baselitz, Arbeiten der amerikanischen Pop-Art-Heroen Lichtenstein, Warhol, Kienholz und Claes Oldenburg. Und schließlich ist da der Park mit seinen mächtigen alten Bäumen über dem Øresund. Hier eine

Kunst für Gänsehautmomente: eine Giacometti-Figur im Louisiana, perfekt in Szene gesetzt.

G
GENUSS

Für eine Explosion kultureller Sinnlichkeiten sorgen im Louisiana jene lauen nordischen Sommernächte, an denen sich die Dunkelheit kaum traut, über das Land zu kommen. Bleiben Sie an Tagen mit langen Öffnungszeiten unbedingt zum Essen im **Louisiana Café** mit seinen traumhaften Aussichtsplätzen auf der Terrasse neben bunten Calder-Skulpturen. Mittags wie abends gibt's ein für dänische Verhältnisse günstiges Büfett (www.louisiana.dk/louisiana-cafe: Büfett Di–Fr 139–169 DKK).

V
VERSPIELT

Da möchte man selbst wieder Kind sein: Ich kenne kein anderes Museum, das eine so wunderbare Kinderabteilung hat wie Louisianas **Børnehus.** Kinder werden animiert, kreativ zu sein, meist angelehnt an aktuelle Ausstellungen. Und wenn das Interesse nachlässt, ist da vor Henry Moores Skulptur noch der Park mit dem steilen Rasenhang, den man so toll herunterrollen kann.

Bronzefigur von Joan Miró, dort ein Mobile von Alexander Calder oder das stählerne ›Tor in der Schlucht‹ von Richard Serra, und ganz exponiert Henry Moores ›Reclining Figure No. 5‹ – Dutzende Skulpturen wollen entdeckt werden.

Huldigung an Giacometti

Geradezu sensationell werden die oft hageren, staksigen Figuren und Köpfe des Schweizers Alberto Giacometti präsentiert. Im Giacometti-Saal schauen Besucher von einer Empore über seinen »gehenden Mann« hinweg in den Søhave. Um einen kleinen See, vor 200 Jahren noch verrufener Kaperer-Hafen, schmiegt sich ein ›grüner‹ Ausstellungsraum mit Land-Art-Objekten. Diese Verknüpfung von Natur und Kunst ist typisch für das Louisiana. Eine alte Villa und moderne, von schlichter Funktionalität geprägte Seitenflügel bilden trotz aller Kontraste eine gelungene architektonische Einheit, die mit dem Park über dem Øresund verschmilzt. Immer wieder kann der Blick von der Kunst durch große Fenster ins Grüne oder übers Blaue bis zur schwedischen Küste schweifen.

Unterwegs zum Louisiana

Es wäre umweltfreundlicher, die Bahn nach Humlebæk zu nehmen, aber mit dem Auto die Panoramastraße am Øresund entlang über

Das ist das Louisiana, das schwärmen lässt: Henry Moores »Reclining Figure No. 5« auf einer Anhöhe im Museumspark mit Blick über den Øresund auf die schwedische Küste und die Insel Hven.

INFOS/ÖFFNUNGSZEITEN

Louisiana Museum of Modern Art 1: Gammel Strandvej 13, 3050 Humlebæk, www.louisiana.dk, Di–Fr 11–22, Sa, So –18 Uhr, 125 DKK, frei mit cOPENhagen Card

Ordrupgaard 2: Vilvordevej 110, 2920 Charlottenlund, www.ordrupgaard. dk, Bus 388 ab S-Bahn Lyngby oder Klampenborg, bis min. Mitte 2020 wg. Umbaus und Erweiterung geschlossen.

Nivaagaards Malerisamling 3: Gammel Strandvej 2, 2990 Nivå, www. nivaagaard.dk, Di–Fr 11–20, Sa, So 11–17 Uhr, 80 DKK

MARINA DER GENÜSSE

Die entspannte Atmosphäre der Øresundküste prägt die Sletten Marina von Humlebæk. Über dem Hafen liegt das Restaurant **Sletten** 1 (Gl Strandvej 137, 3050 Humlebæk, T 49 19 13 21, www. sletten.dk, tgl. 12–15 und ab 18 Uhr, Winter So, Mo geschl.), ›Provinz-Filiale‹ des Kopenhagener Sterne-Restaurants Formel B. Hier fusioniert französische Landküche mit dem, was Dänemarks Äcker, Weiden und Meere je nach Jahreszeit hervorbringen. Serviert werden dänische Edeltapas, von denen je nach Appetit 3–5 eine Mahlzeit ergeben, oder ganze Menüs – etwa 500–750 DKK sollte man für ein Dinner rechnen. Deutlich preiswerter: **Sletten Fiskehus,** der Fischhandel mit eigener Räucherei (Di–Fr 9.30–17, Sa 9–13 Uhr), bietet frisch Geräuchertes auf die Hand und Picknickplätze vor der Tür oder auf der Mole.

Cityplan: Karte 3, B 1 | **Kystbanen** 1–3 x stdl. bis Station Humlebæk, ca. 30 Min. plus 15 Min. Fußweg zum Louisiana, weitere Stationen Nivå und Helsingør

Klampenborg vorbei an Prachtvillen, Jachthäfen und kleinen Badestränden ist Sightseeing vom Feinsten. Hier leben im ›Whiskygürtel‹ – wo man angeblich nur Whisky statt proletarischem Bier trinkt – die von den dänischen Sozialstaatssteuern am schlimmsten Gebeutelten, die auf die Frage nach dem nächsten Schwimmbad oder Tennisplatz ohne zu zögern in den eigenen Garten zeigen, und zum Essen ausgehen, wenn die Köchin ihren freien Tag hat – entsprechend hochwertig und -preisig ist an dieser Küste das kulinarische Angebot.

Dieser reiche Norden ist auch reich an Museen und so kann man vor der Moderne im Louisiana noch andere Epochen goutieren: Ganz im Grünen liegt **Ordrupgaard** 2 mit seiner Sammlung franzö-

▶ FILMSTOFF

Dummheit besiegt Dreistigkeit: 1999 klemmten sich Kleinganoven zwei Bilder in Nivaagaards Malerisamling, darunter Rembrandts **Damenporträt,** unter den Arm und marschierten unbehelligt aus dem Museum. Als die Gauner die Gemälde zu Geld machen wollten, biss nur ein V-Mann der Polizei an: So kamen sie unbeschädigt zurück und die Sicherungen im Museum wurden modernisiert. Aus der Story entstand die Filmkomödie **Stealing Rembrandt – Klauen für Anfänger** (als DVD oder Stream auf Deutsch erhältlich).

Værftets Madmarked füllt eine Ex-Werfthalle gleich neben M/S Museet for Søfart in Helsingør mit einem bunten Mix an Streetfood-Ständen. Essen kann man indoor wie draußen. Als Fish & Chips-Fan ist The Fish Projekt mein Favorit, aber die brasilianischen Tapioca von Luiza, eine Art gefüllter Pfannkuchen, hätten mich fast zum kulinarischen Fremdgehen verführt: Værftshallerne Hal 21, Ny Kronborgvej 3, www.vaerftetsmadmarked.dk, Jan.–März Sa–So, April–Dez. Di–So, Hochsaison auch Mo 11–21/22 Uhr.

sischer Impressionisten und Postimpressionisten. Um die empfindlichen Werke nach heutigen Museumsstandards präsentieren zu können, entsteht ein komplett neuer Flügel. Bis zu dessen Eröffnung ist nur der Kunstpark mit modernen Skulpturen u. a. von Ólafur Elíasson frei zugänglich. Wenige Kilometer südlich des Louisiana zeigt noch **Nivaagaards Malerisamling** 🟥 klassische italienische und niederländische Malerei sowie Gemälde des dänischen ›Guldalderen‹ im frühen 19. Jh. Hier hängt auch Dänemarks einziger Rembrandt, ein ›Damenporträt‹.

→ UM DIE ECKE

In **Helsingør** (🗺 Karte 3, B 1), 10 km nördlich des Louisiana, bewacht das UNESCO-Welterbe-Schloss **Kronborg** – Shakespeare verortete hier seinen Hamlet – die schmalste Stelle des Øresund (www.kronborg.dk, April–Okt. tgl. 11–16, Hochsaison 10–17.30, sonst Di–So 11–16 Uhr, je nach Aktivitäten 90–140 DKK, Schlosshof außerhalb der Hochsaison frei zugänglich). Gleich nebenan wurde ein abgewirtschafteter Industriehafen zum Schmuckstück **Kulturhavn** aufgehübscht. Eine ehemalige Werft mutierte zum quirligen Kultur- und Eventzentrum Kulturværftet und das angeschlossene **Værftsmuseet** huldigt den großen Schiffbauzeiten (www.helsingormuseer.dk, Di–Fr, So 12–16, Sa 10–14 Uhr, 45 DKK). Davor auf dem Kai hockt **Han,** der spiegelnde Edelstahlbruder der Meerjungfrau, ein Werk des international bekannten Künstlerduos Elmgreen & Dragset. Juwel am Kulturhafen ist **M/S Museet for Søfart,** geniales Beispiel moderner Architektur. Über der Erde fast unsichtbar, entstand das nationale Seefahrtmuseum unterirdisch um ein altes Trockendock. Kreuz und quer durch die 150 m lange Betonwanne verlaufen Brücken, Verbindungsgänge und gläserne Räume. Innen wird einer der wichtigsten Erwerbszweige Dänemarks, die Seefahrt, aus verschiedensten Blickwinkeln präsentiert – ein Museum, das man gesehen haben muss (www.mfs.dk, Juli, Aug. tgl. 11–18, sonst Di–So 11–17 Uhr, 120 DKK. Eintritt in alle genannten Museen + Bahnfahrt nach Helsingør sind in der cOPENhagen Card enthalten. Infos zur Stadt: www.visitnordsjaelland.com)

Das kennt kaum einer – **Flakfortet**

 # 15

Es ist einer dieser Orte ohne rennende Zeit, wo man die Füße hochlegt, die hektische Welt am Horizont wahrnimmt, aber selbst nicht mehr Teilnehmer dieser Hatz ist. Die 45 Minuten vom menschenüberfluteten Nyhavn bis zum Kai der alten Seefestung sind ein Sprung in eine andere Dimension.

Kaum zu glauben, aber selbst viele Dänen kennen **Flakfortet** **1** nicht, die junge Insel mit militärischer Vergangenheit vor ihrer Hauptstadt. Schon die Ausfahrt aus dem Hafen vorbei an Schauspielhaus, Oper, Meerjungfrau und Trekroner ist Sightseeing pur. Auf dem Meer dann grandiose Ausblicke auf die dänische Küste ebenso wie auf die schwedische mit Skandinaviens höchstem Wolkenkratzer, dem auffälligen Turning Torso von Malmö, auf die monumentale Øresund-Brücke, auf **Middelgrunden Windpark** **2**, der helfen soll,

Die »MIS Langø« ist eine solide Fähre, die schon auf dem Nordatlantik im Einsatz war. Jetzt fährt sie im Sommer regelmäßig vom Nyhavn zur Festungsinsel Flakfortet und legt hier gerade an.

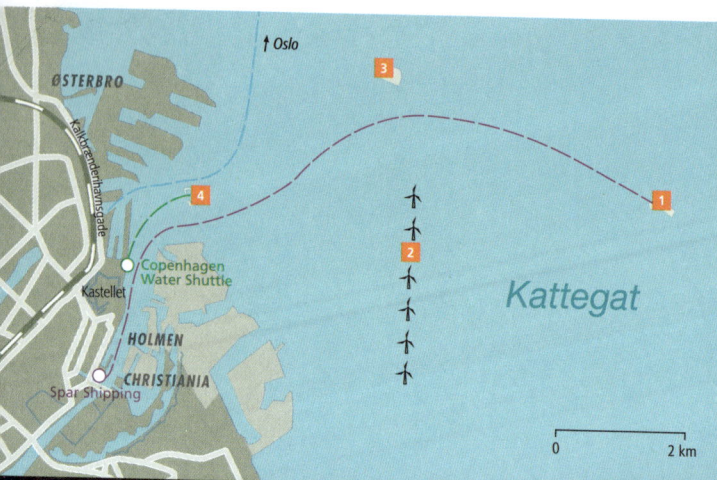

Cityplan: Karte 3, B 3 | Anfahrt mit Spar Shipping ab Nyhavn/Havnegade

HINKOMMEN

Spar Shipping: Büro Kvæsthusgade 6 H, T 33 33 93 55, www.sparship ping.dk, Mai–Sept. ab Anleger Nyhavn, 3–5 x tgl. außer Mo, 45 Min., 150 DKK, Kinder 4–12 Jahre 75 DKK

MÄDCHEN FÜR ALLES

Flakfortet Havne-kontor: T 32 96 08 00, www.flakfortet.com, Mini-Shop, Kasse für Liegegebühren der Segler (tags ab 100, über Nacht ab 200 DKK), Zimmer im Hostelstil (DZ ab 650 DKK) und Minigolfplatz

---

FROKOST MIT AUSSICHT

Restaurant Flakfortet: tgl. 11.30–22 Uhr, So, Mo eingeschränkt, dä-nische Küche Frokost ab 80, abends ab 125 oder Menüs ab ca. 300 DKK

Kopenhagen CO_2-neutral zu machen, und auf den Schiffsverkehr in einer der meistbefahrenen Meerengen der Welt.

Mit 340 m Länge kann Flakfortet gerade noch den größten Kreuzfahrtschiffen Paroli bieten, wenn sie an der Insel vorbeiziehen. Bei der Höhe ist Flakfortet chancenlos: Gerade 21 m ragt es aus den Wellen. Auf der Spitze weht der Dane-brog, weil es dänisches Territorium ist, aber die Insel gehört schwedischen Investoren und auch der Hafenmeister, die einzig wahre Autorität auf Flakfortet, kommt von drüben.

Helmuth, der Zurückgebliebene

Angelegt wurde die Seefestung von 1910 bis 1914 als Teil eines Befestigungsrings zum Schutz Kopenhagens auf einer künstlichen Insel. Das *flak* im Namen stammt nicht von Flugabwehrkanonen, sondern vom dänischen Wort für einen flachen Sandgrund im Meer – auf so einem Flak entstand die Anlage. Militärisch erlebte sie nur eine unblutige Besetzung durch deutsche Truppen im Zweiten Weltkrieg. Führungen zeigen in den Katakomben Räume, die die Deutschen einrichteten und die nach Kriegsende niemand mehr nutzte. Lediglich der Zahn der Zeit hat den Pritschen zugesetzt. Einen Kameraden ließen die Besatzer bei ihrer über-stürzten Abreise 1945 aber zurück. Seitdem spukt

Helmuth als von Heimweh geplagter, aber ganz verträglicher Geist durch die alten Gänge.

Zerstörung in der Friedenszeit

Bis in die 1960er-Jahre dürfte es Helmuth nicht langweilig geworden sein, solange betrieb hier die dänische Luftwaffe eine Raketenstellung. Später wurde alles, was nicht niet- und nagelfest war, ausgebaut und mitgenommen, zurück blieben kaum mehr als dicke Mauern und die Wände der Kaserne. Sogar Abschnitte der äußeren Mole aus Granit wurden weggeschifft, oft zum Bau von Häfen anderswo am Øresund.

Als Flakfortet restauriert wurde, mussten zuerst diese Lücken geflickt werden. Unter diesen Voraussetzungen ist die Wiederherstellung der Anlage wunderbar gelungen, sogar die Zimmer sind so gut in Schuss, dass man prima übernachten kann. Und die Reste der alten Festung – von den unterirdischen Gängen bis hin zu den Fundamenten der Geschütze ganz oben – sind so gesichert, dass man sie gefahrlos erkunden kann, aber ohne dass die Patina verlorenging.

→ **UM DIE ECKE**

Nördlich des Kurses zu Flakfortet ist **Middelgrundsfortet** `3` unübersehbar. Bis 1984 waren hier noch Boden-Luft-Raketen zum Schutz von Kopenhagen vor NVA und Roter Armee stationiert. Seit Kurzem gehört diese größte künstliche Insel der Welt ohne Festlandsanbindung den dänischen Pfadfindern, die sie für Aktivitäten und Teambuilding nutzen wollen – öffentlich zugänglich wird sie frühestens 2019.

Mitten in Kopenhagens Hafeneinfahrt, von der Meerjungfrau aus gut zu sehen, entstand zwischen 1787 und 1827 das älteste Hafenfort **Trekroner** `4`, das bis 1932 militärisch genutzt wurde. 1801 hinderten seine Kanonen eine englische Flotte daran, direkt in die Stadt hinein zusegeln. Gelegentlich gibt's Ausstellungen in den Katakomben. **(Copenhagen Water Shuttle** ab Eisbärenstatue, Langeliniekaj 5, Mai–Mitte Okt. min. Sa/So, Juli, Aug. Di–So abgestimmt auf Öffnungszeiten des Cafés in der ehemaligen Kommandantur, Details auf www.trekronerfort.dk).

▶ **INFO**

Bei einem ersten Besuch auf Flakfortet würde ich es mir einfach machen und ein ›**Paket**‹ buchen: inkl. Überfahrt, Suche nach Helmuth oder Führung plus Frokost im Pavillon (ab 495 DKK, für 4–12-Jährige 275 DKK). Gibt's alles bei Spar Shipping.

Jetzt nur nicht ins Rudern kommen: das Atomkraftwerk Barsebäk am schwedischen Ufer des Øresund ist abgeschaltet.

Herrenprogramm gefällig, wenn die Lust auf Stadt und Shoppen abflaut? Der Øresund von Kopenhagen ist bekannt für gutes Dorschangeln, aber je nach Saison beißen auch Hering, Makrele, Flunder und Scholle. Fast täglich starten Schiffe von Spar Shipping (▶ S. 76) ab Lautrupskaj im Kalkbrænderihavnen (Bus 27 oder S-Bahn Nordhavn) ab 240 DKK. Angelschein (gilt für ganz DK) ist Pflicht: 40 DKK/Tag, 185 DKK/Jahr.

EINTRITTSKARTEN *in eine andere Welt …*
Neben den bereits vorgestellten Museen gibt es in Kopenhagen und Umland gut vier Dutzend weitere. Hier meine Favoriten:

UND JETZT ENTSCHEIDEN SIE!

Karen Blixen Museum
Mai–Sept. Di–So 10–17, Juli/Aug. auch Mo, Okt.–April Mi–Fr 13–16, Sa/So 11–16 Uhr, 100 DKK

JA   NEIN

Leben und Lieben der Autorin Karen Blixen: Hier auf Rungstedlund wurde sie geboren, hier starb sie und ist im Garten begraben. Das Werk, das sie hinterlassen hat, gehört heute zur Weltliteratur.

Karte 3, B 2, www.blixen.dk

Experimentarium (Science Center)
Mo–Fr/Do 9.30–17/20, Sa, So 10–17 Uhr
195 DKK ab 12 Jahre, 115 DKK/3–11 Jahre

JA   NEIN

Gerade gigantisch erweitert und runderneuert: Experimentieren, Anfassen, Mitmachen, Phänomene erleben – hier erlebt man Wissenschaft, die vor allem Kinder, aber auch ihre Eltern Stunden fesselt.

Karte 3, B 3, www.experimentarium.dk

BelAir Tattoo Museum
Di–Fr 11–19, Sa 10–16 Uhr gratis

JA   NEIN

In Kopenhagen hat das Tätowieren eine lange Tradition bis in königliche Kreise. Frank Rosenkilde ist bestens vernetzt mit Kollegen und sammelt in seinem Tattoostudio BelAir Bilder, Dokumente und Geräte der Branche.

D 4, www.belairtattoo.com

Frilandsmuseet Det Gamle Danmark
Mai–Mitte Okt. Di–So 10–16/17 Uhr
75 DKK, mit 1 Kind 60 DKK

JA   NEIN

Freilichtmuseum im Grünen mit rund 70 Häusern und Höfen, u. a. ein Eiderstedter (war mal dänisch) Haubarg und ein Hof mit Seetangdach von der Insel Læsø – eines der größten Museen dieser Art weltweit.

Karte 3, A 3, www.natmus.dk

ENIGMA – Museum for post, tele & kommunikation
Mo–Fr 11–18, Do–21, Sa/So 9–16 Uhr (gilt auch für Café), gratis

◯ JA ◯ NEIN

Das Museum für Post, Telefon & Kommunikation belegt das herrschaftliche alte Posthaus von Østerbro, seine Gastronomie belebt längst das Viertel und Post kann man auch noch verschicken!
🚇 F 2, www.enigma.dk

Kongernes Lapidarium (i Christian 4.s Bryghus)
Juni–Aug. Di–So 12–16 Uhr, 50 DKK

◯ JA ◯ NEIN

In Christians IV. Brauhaus stehen 384 Steinskulpturen aus königlichem Besitz, u.a. Originale bekannter Denkmäler, die aufgrund ihres Zustands ersetzt werden mussten. Beeindruckend die Kombination von Raum und Objekten.
🚇 Karte 2, G 6, www.kongeligeslotte.dk

Nikolaj Kunsthal
Di–Fr 12–18, Sa, So 11–17 Uhr
70 DKK, 30 DKK bis 17 Jahre, Mi gratis (Turm extra, auch Kombitickets)

◯ JA ◯ NEIN

Einen Block neben Strøget weist der Turm der ehemaligen Nikolaj Kirke den Weg zum schönsten innerstädtischen Raum für oft aufsehenerregende Ausstellungen im alten Kirchenschiff.
🚇 Karte 2, G 5, www.nikolajkunsthal.dk

Musikmuseet
Sa–So 10–17 Uhr
65 DKK ab 18 Jahren, mit 1 Kind 50 DKK

◯ JA ◯ NEIN

Das alte Radiohaus beherbergt heute das Königliche Musikkonservatorium und die Musikhistorische Sammlung des Nationalmuseums mit Instrumenten aus drei Jahrtausenden – da klingen die Ohren.
🚇 D 5, www.natmus.dk

Politimuseum
Di, Do, So 11–16 Uhr
40 DKK

◯ JA ◯ NEIN

Von der Zeit, in der aus Nachtwächtern Polizisten wurden, über die Rolle der Polizei unter deutscher Besatzung bis zu Kämpfen mit Hausbesetzern und Autonomen – eine Zelle und einen Raum nur über Morde gibt's auch.
🚇 E 3, www.politimuseum.dk

Kopenhagener Museumslandschaft

Kopenhagen besitzt Dutzende großartige Museen. Extravagante Neu- und Umbauten werten sie ständig auf. Gute Gastronomie gehört meist dazu, Dänen essen gern in Museumsrestaurants, selbst wenn sie nicht in die Ausstellungen des Hauses wollen. Neben dem **Nationalmuseum** (► S. 65) mit berühmten Funden aus Frühgeschichte und Wikingerzeit haben Kunstmuseen Weltgeltung: **Statens Museum for Kunst** (► S. 67) mit umfassender Sammlung, **Museum Hirschsprung** (► S. 68) mit Fokus auf das 19. und frühe 20. Jh., **Arken** (► S. 81) und **Louisiana** (► S. 71) mit moderner Kunst. Wie die beiden Letzteren liegen einige Museen vor der Stadt. Sie sind leicht zu erreichen mit dem ÖPNV, aber dafür einen halben oder ganzen Tag abzwacken? Entscheiden Sie nach Interesse! Ein Tipp: Mit dem Auto am Abreisetag Arken, Louisiana oder dem architektonisch sensationellen **M/S Museet for Søfart** (► S. 74) einen Besuch abstatten und von dort ab auf die Autobahn Richtung Fähre in Gedser oder Rødby …

TIPPS FÜR DEN MUSEUMSBESUCH

In großen Museen sind 90–120 DKK üblicher Eintritt, in kleineren 50–75 DKK. 2016 zwang der Sparkurs der Regierung die Staatlichen Museen nach über einem Jahrzehnt wieder, Eintritt zu kassieren, aber Familien will man weiterhin fördern: **Ein Erwachsener solo zahlt mehr als mit Kind!** Außerdem haben alle **unter 18 Jahren** in vielen Museen **freien Eintritt** und es gibt **Rabatte für Studenten und Senioren** (Ausweis!). Einige Museen haben außer bei Sonderausstellungen **Gratistage**, u. a. das Thorvaldsens Museum (► S. 28, Mi) und die Ny Carlsberg Glyptotek (► S. 64, Di).

Gibt es **Schließungstage**, dann Mo. Andererseits haben etliche Museen in der Wochenmitte einen **langen Öffnungstag**, das Louisiana sogar Di–Fr bis 22 Uhr. An **Københavns Kulturnat** Mitte Oktober beteiligen sich fast alle Häuser – Eintrittspass für die Nacht (inkl. freie Fahrt im ÖPNV) ca. 100 DKK: www.kulturnatten.dk. Zur **cOPENhagen Card** für ÖPNV und Museen ► S. 110

Noch mehr Museen: www.cphmuseums.com

Runde Sache: die Kopenhagener Museen

Schöner leben – Danish Design trifft Architektur

Danish Design wollte immer einfach in der Produktion, rohstoffschonend, hochwertig, langlebig und ganz funktional sein. Architektur und Design gehen dabei gern eine Verbindung ein. Dafür steht ein Name ganz besonders: Arne Jacobsen (1902–71). Sein dünnbeiniger Stuhl Modell 3107, Sitzfläche und Lehne in einem Stück aus Sperrholz gepresst, wird seit den 1950ern in Serie produziert, nur bei den Farben dem Zeitgeist angepasst. Gleiches gilt für den Ei- und den Schwanen-Sessel, Teil seines Gesamtentwurfs für das SAS Royal Hotel.

Theorie & Praxis im Überblick
Designmuseum Danmark 🕮 H 4
Hier sieht man Arbeiten bahnbrechender dänischer Designer, vom Mann der Stühle Hans J. Wegner (1914–2007), vom langjährigen Bang & Olufsen-Chefdesigner Jacob Jensen (1926–2015) oder von Piet Hein (1905–96), der die Superellipse als Kompromiss von Rechteck und Kreis zum Maß seiner Dinge machte. Daneben besitzt das Museum eine der besten Sammlungen japanischen Kunsthandwerks außerhalb Japans.
Bredgade 68, www.designmuseum.dk, Di–So 10–18, Mi bis 21 Uhr, 115 DKK/ab 26 Jahre

Urbanes Leben im Fokus
DAC i BLOX 🕮 Karte 2, G 6
2018 zog das **Dansk Architektur Center – DAC** in den federführend von der niederländischen Weltklassearchitektin Ellen Van Loon entworfenen BLOX-Komplex. Dänische wie internationale Architektur, Stadtkultur und junges Design stehen im Focus seiner Ausstellungen. BLOX selbst wirkt, als habe jemand gläserne Container wild über der Uferstraße verteilt, die unten durch dem Komplex führt. Außer dem DAC gibt's im BLOX Büros, ein Fitnessstudio, Luxuswohnungen und DAC Café mit imponierenden Aussichten auf Slotsholmen (▶ S. 40) und den Innenhafen.
Bryghuspladsen 10, 1473 Køb K, www.dac.dk, tgl. 10–18, Do 10–21 Uhr, 110 DKK

Raumkreuzer in den Dünen
Arken – Museum for Moderne Kunst 🕮 Karte 3, A 4
Auf einer Kunst-Insel inmitten einer künstlichen Seen-Dünen-Landschaft nur Schritte von einem Øresundstrand entfernt, bekam Kopenhagens proletarischer Süden in den 1990er-Jahren sein Museum für Moderne Kunst. Die Sensation: Robert Lund, ein damals 25-jähriger Student gewann gegen alle etablierte Konkurrenz den Architektenwettbewerb zum Bau der ›Arche‹ und schuf aus Beton und verzinktem Stahl eine dekonstruktivistische Skulptur. Schiff, gestrandeter Wal, havarierter Raumkreuzer – bei einem Gang um das exzentrische Museum wechselt es mit jeder neuen Perspektive das Gesicht. Wahrzeichen ist der 12 m hohe Bug, der die Kunstachse, den 150 m langen Hauptraum, nahe dem Eingang abschließt. Das Museum zeigt viel Gegenwartskunst und macht immer wieder mit Ausstellungen Furore. Populär ist auch das rundum verglaste Restaurant mit Blick auf Dünen und Meer.
Skovvej 100, 2635 Ishøj, www.arken.dk, Di–So 10–17, Mi –21 Uhr, 115 DKK (Abweichungen bei Sonderausstellungen möglich), S-Bahn + Bus ab City ca. 30 Min, Café frei zugänglich

Schöner leben – Danish Design trifft Architektur

Erleuchtung
Louis Poulsen Showroom
𝄞 J 5

Poul Henningsen (1894–1967) war ein Multitalent als Gesellschaftskritiker, Kabarettautor und Architekt. Unsterblich machen ihn seine ›PH-Lampen‹, wie sie überall heißen: Konsequent berücksichtigte er Lichtreflexe, um Übergänge von direkt zu indirekt beleuchteten Flächen mit Reflektorelementen fließend zu gestalten. Die Grundform seiner populärsten Pendelleuchte stammt aus den 1920er-Jahren. Sie wird heute vom Designer-Lampenhersteller Louis Poulsen produziert, der an seiner Firmenzentrale im Kreativviertel Holmen einen Showroom betreibt.

Kuglegårdsvej 19–23, www.louispoulsen.com, Mo–Fr 8–16 Uhr

Die Sydney-Connection
Paustian A/S 𝄞 Karte 3, B 3

Hier wird am Rande eines aufgestylten Jachthafens Möbeldesign der Oberklasse präsentiert. Das ›Einrichtungshaus‹ schuf Jørn Utzon, Architekt der Oper von Sydney. Dazu gehört ein mit Möbelklassikern eingerichtetes Gourmetrestaurant.

Kalkbrænderiløbskaj 2, 2100 Køb Ø, T 39 16 65 65, www.paustian.com, Bus 27 ab

Da jubiliert der Designfan: Room 606 im Radisson Blu Royal Hotel ist noch genau so, wie Arne Jacobsen ihn schuf.

S-Bahn Østerport St., Mo–Fr 11–18, Sa, So 10–16 Uhr, Restaurant T 39 18 55 01, Mo–Sa 10.30–15.30 Uhr

Design-Hotel unter Denkmalschutz
Radisson Collection Royal Copenhagen 𝄞 Karte 2, E 6

Arne Jacobsen entwarf 1960 das 20-stöckige Hochhaus, das als ein Hauptwerk des Modernismus unter Denkmalschutz steht – nicht einmal der Originalname ›SAS Royal Hotel‹ an der Fassade darf angetastet werden –, und lieferte die Einrichtung vom Besteck bis zu den Möbeln mit. Trotz Renovierungen erkennt man seine Handschrift in vielen Details wie den zeitlosen Sesseln und Stühlen. Ein Muss für Designfans ist Zimmer 606, das Einzige, das unverändert nach Jacobsens Plänen eingerichtet ist. Auch weitere ›Signature Suiten‹ – alle mit 6er-Nummern an verschiedenen Etagen – sind individuell eingerichtet mit modernen Interpretationen der Objekte von Jacobsen oder bekannter Kollegen wie Poul Kjærholm.

Hammerichsgade 1, 1611 Køb V, T 33 42 60 00, www.radissoncollection.com/de/royalhotel-copenhagen, Tagespreise ab ca. 1850 DKK, in der Saison eher ab 3500 DKK noch ohne Frühstück!

Arne Jacobsen in Klampenborg
Bellavista 𝄞 Karte 3, B 3

Im Norden gleich neben der S-Bahn-Station Klampenborg schuf Arne Jacobsen einen Architekturklassiker der 1930er-Jahre: Die Wohnanlage **Bellavista** im Bauhaus-Stil mit einem Restaurant und dem jüngst sehr respektvoll gegenüber dem Originalentwurf restaurierten **Bellevue Teater** – seit 1936 mit einem einzigartigen, elektrisch aufrollbaren Dach – war Arne Jacobsens erstes Großprojekt: Kube auf Kube mit großen Fenstern und Balkonen zum Meer. Das wirkt sehr funktional, aber das leuchtende Weiß, die auffälligen Sonnenblenden und die Rundungen an den Gebäudeenden sind nicht so nüchtern, wie Jacobsen später baute. Auch die Pläne für das **Bellevue Strandbad** (▶ S. 85) auf der anderen Straßenseite stammen vom Meister.

Øresundstog oder S-Tog bis Klampenborg

Kopenhagens Hype ums Essen

Isst in Kopenhagen eigentlich noch jemand zu Hause? Freunde, die in der Stadt leben, spitzten es zu: »Es wird langsam etwas viel.« Gefühlt gibt's an jeder Ecke, in jeder Gasse Restaurants, eines stylisher als das andere. An zwei Orten kulminieren die Genüsse: **Torvehallerne,** die neuen Markthallen, und **Kødbyen,** die Fleischstadt, die ihren Namen von den ehemaligen Schlachthöfen wie vom früher hier boomenden Straßenstrich hat.

Gläserne Speisekammer
Torvehallerne 🛒 F 4
Die beiden Markthallen sind leicht dekadente Perlen urbanen Lebens. Unter Glasdächern wie unter freiem Himmel präsentieren gut 60 Stände Obst und Gemüse, Fisch, Muscheln, Krabben, Hummer aus dem Skagerrak, Qualitätsfleisch, Bio-Eis, Edelpralinen, Bornholmer Spezialitäten, Schnäpse und Senf, edlen Käse und Aufschnitt. Dazwischen immer wieder Essstände von Sushi über Pasta, Grütze bis zu Delikatessen aus dem Meer – mein Favorit sind Fischtapas von HAV2GO in Halle 1 –, dazu Buden mit Prosecco oder Champagner sowie The Coffee Collective, das die Kaffeezubereitung zelebriert.
Frederiksborggade 21, www.torvehallernekbh. dk, Mo–Do/Fr/Sa 10–19/20/18, So 11–17 Uhr. Mit einem Besuch der Hallen starten auch Copenhagen Food Tours (▶ S. 92).

Kødbyens Schlachter
Fleisch 🛒 E 7
Schlachter mit Küche oder Küche mit Schlachterei? Beides trifft zu: zum Frokost exzellente Smørrebrød, abends moderne Hausmannskost mit Schwerpunkt … Fleisch natürlich.
Slagterboderne 7, T 61 68 14 19, www.fleisch. dk, So–Do/Fr, Sa 11.30–24/1 Uhr

Kødbyens italienische Mutti
mother 🛒 E 7
Der Laden brummt immer wenn ich dort vorbei komme, also am besten reservieren! Super Pizzen – da jubeln die Kids –

und gute Antipasti für die Eltern vorweg, da ist die ganze Familie doch zufrieden.
Høkerboderne 9–15, T 22 27 58 98, www. mother.dk, tgl ab 11 Uhr, Mo–Fr auch Frühstück ab 8 Uhr, Sa/So 11–15 Uhr Brunchbüfett

Kødbyens Fischbar
Kødbyens Fiskebar 🛒 E 7
Von Fish & Chips bis Austern und Hummer gibt's mitten in den Schlachthöfen alles, was die nördlichen Meere bieten.
Flæsketorvet 100, T 32 15 56 56, www.fiskeba ren.dk, Küche tgl. 18–23, Fr/Sa auch 11.30–15 Uhr; ohne Reservierung kaum eine Chance!

Kødbyens Hausmannskost
Nose2Tail 🛒 E 7
Die ›Madbodega‹ mit leicht zu übersehendem Kellereingang tischt in einer ehemaligen Leberpasteten-Fabrik modern interpretierte Hausmannskost auf: Fisch des Tages, Tier des Tages, Innereien des Tages. Probieren Sie Brættet, Dänemarks geniale Antwort auf Antipasti!
Flæsketorvet 13A, T 33 93 50 45, www.nose2 tail.dk, Mo–Sa ab 18 Uhr

Kødbyen kann sogar vegan
BOB – Biomio Organic Bistro 🛒 E 7
Äußerlich eher Autowerkstatt. In der offenen Küche wird nur mit lokalen Bio-Rohwaren – immer auch ein veganes Gericht – oder mit Fisch aus zertifizierten Fängen gekocht und an langen Tischen mit hohen Stühlen genossen.
Halmtorvet 19, T 33 31 20 00, bobbistro.dk, Mo–Fr/Sa 9.30/12–22, So 12–21 Uhr

Pause. Grün oder blau abschalten.

Die Bank unter der großen Platane auf dem Gråbrødretorv ist ideal, um beim Stadtbummel ein paar Minuten die Beine auszustrecken. Ansonsten ist Grün in Københavns Indre By rar, aber mit wenigen Schritten ist man im Kongens Have oder in einem der Parks, die auf den alten Wallanlagen entstanden. In zweiter und dritter Reihe warten Fælledparken, Frederiksberg Have oder der Promifriedhof Assistens Kirkegård und noch etwas weiter draußen Dyrehaven mit seinen Edelhirschen. Außerdem ist da das blaue Kopenhagen an Hafen und Øresund – selbst im Innenhafen ist das Wasser sauber genug zum Baden, zum Kajakfahren sowieso.

Kraft tanken unter der Platane

Gråbrødretorv 🗺 Karte 2, F 5

Bei Sonne kann es auf dem Pflaster des schönsten Innenstadtplatzes zwar schon mal eng werden, aber wer ein Fleckchen auf einer der Bänke um den dicken Stamm der Platane bekommt, die hier Schatten spendet, dem sind Momente der Entspannung und Ruhe sicher. Von der überquellenden Strøget gibt es sogar den ›Geheimgang‹ Kringlegangen neben der Helligåndskirke durch den Hof des Hauses an der Valkendorfsgade 32 direkt zum ›Platz der Grauen Brüder‹ – Franziskaner hatten hier vom 13. bis ins 16. Jh. ein Kloster. Von dem sind noch Fundamente in der Kellerbar Peder Oxes Vinkælder erhalten, ansonsten umringen Bürgerhäuser aus dem 18. und 19. Jh. den Platz, die meisten mit Restaurants im Parterre.

Chillen und Cruisen

Ørstedsparken 🗺 Karte 2, E/F 5

Dieses kleine Idyll ist von lauten Straßen umrahmt, aber – typisch für die Parks, die ab den 1870ern auf alten Stadtbefestigungen entstanden – mit einem zackigen, von einer nostalgischen Brücke überspannten See im Zentrum. Das größte Denkmal im Park erinnert an Namensgeber Hans Christian Ørsted, der mit seinen Arbeiten zum Elektromagnetismus als Vater der modernen Physik gilt. Ørestedsparken hat sich kaum verändert, seit er angelegt wurde, wohl aber das Publikum: Früher flanierte hier das aufstrebende Bürgertum, heute gilt der Park nach Einbruch der Dunkelheit als schwule Cruising-Zone.

Hafenpromenade 2.0

Kalvebod Bølge 🗺 F/G 7

Zu Fuß läuft man gerade einmal 10 Min. vom Rathausplatz bis auf die Hafenpromenade der Sonnenanbeter, Skater, Hafenbader und Kajakfahrer vor den Glaspalästen von Kreditinstituten und Businesshotels an der Kalvebod Brygge. Design trifft hier alte Bautechnik: Die über das Wasser geschwungene Promenade ruht auf fast 300 Eichenpfählen, die in den Hafengrund gerammt wurden – Seebad Kopenhagen! Hier starten auch Kajaktouren Richtung Hafen.

Der sportliche Park

Fælledparken 🗺 E/F 1/2

Der ›Gemeinschaftspark‹ kommt ganz sportlich mit Bolzplätzen, Joggingstrecken und Skateranlage daher. Im Sommer gibt es oft Konzerte und auf Tårnlegepladsen, dem Turm-Kletterpark, im Südzipfel können Kinder auf

Nachbildungen der Kopenhagener Türme herumklettern. Daneben lieben Selfie-Macher das ›Mirror House‹ mit seinen verzerrenden Effekten vor den Spiegeln.

Strandbad und Designklassiker

Bellevue Strandpark Karte 3, B 3
An heißen Tagen toben sich auf dem kleinen Sandstrand laute Schülercliquen auf Beachvolleyball-Feldern aus, körperverliebte Schwule und figurbetonende Meerfrauen flanieren und Migrantenfamilien picknicken auf dem Rasen hinter dem Sand. Die hölzernen Türme der Rettungsschwimmer gehören ebenso zu den Architekturklassikern von Arne Jacobsen aus den 1930er-Jahren wie der flache Kioskbau mit den markanten Sonnenblenden des **Bellevue Strand & Grill**, der Sonnenhungrige hoffentlich auch im nächsten Sommer wieder mit Eis und Getränken versorgt, aber so wirklich weiß man das erst bei Saisonbeginn.
Strandvejen 340, 2930 Klampenborg, S-Bahn-Station Klampenborg

UNESCO-Welterbe

Dyrehaven Karte 3, B 2
In Klampenborg sind es nur Schritte vom Strand in den Wald. In dem 1000 ha großen Wildpark Jægersborg Dyrehave – kurz ›Dyrehaven‹ – schlängeln sich Wander-, Rad- und Reitwege durch uralten Baumbestand, in dem kleine

C CHILLOUT

...bei Gott: Den schnell pulsierenden Rhythmus der Großstadt kann man in Kirchen verlangsamen. Dem modernen, urbanen Menschen öffnen sich die **Helligåndskirke** (G 5, www.helligaandskirken.dk/natkirken) an Strøget freitags ab 18 Uhr bis kurz vor Mitternacht, und die **Vor Frue Kirke** (F 5, www.natkirken.dk) im Latinerkvarter Do und Fr von 20–24 sowie So 19–23 Uhr zur stimmungsvollen ›Nachtkirche‹ (Natkirke) mit kurzen Andachten, Chorgesängen, meditativer Musik oder Chillout-Nächten.

Herden stattlicher Edelhirsche und Rehe umherziehen. Das Rokoko-Jagdschloss Eremitage mitten im Park wird immer noch für königliche Empfänge genutzt. Die royale Komponente machte Dyrehaven zum UNESCO-Welterbe ›Parforcejagdlandschaft Nordseeland‹ – hier wurde im 17. und 18. Jh. die Landschaft für Jagden des Königs optimiert. Romantisch: Kutschfahrten ab Klampenborg-Station oder Dyrehavns Bakken (ab 550 DKK/Std.).
S-Bahn-Station Klampenborg

Kopenhagen kann auch Badeort: Kalvebod Bølge für Sonnenbader und Flaneure liegt vor Glaspalästen von Banken und Versicherungen am Hafenufer.

Der Staat schläft mit

Design, Plüsch, Luxus oder Funktionalität im Schiffskabinenstil – Kopenhagen hat alles, nur ziemlich teuer: Der Staat schläft mit 25 % Mehrwertsteuer in jedem Bett, da kosten Doppelzimmer schnell über 200 € pro Nacht. Ist nichts los, bieten indes selbst Tophotels Zimmer online zu Tagespreisen kaum teurer als einfache Touristenhotels.

So kann allerdings dasselbe Zimmer an drei aufeinanderfolgenden Tagen unterschiedlich viel kosten und das Frühstück – 70 DKK in Low-Budget- bis über 200 DKK in Luxushotels – ist in einem Onlinetarif enthalten, im anderen nicht. Übersichtlichkeit sieht anders aus. In der Regel gilt: Werktags sind Zimmer teurer als an Wochenenden, am billigsten von Sonntag auf Montag. Während der dänischen Ferien senken Businesshotels die Preise, Anfang Juni oder Ende August ist dasselbe Zimmer oft teurer als im Juli. Nur wohnen, aber günstig?! In preiswerten Hotels wird gern am Personal gespart, seltener an Komfort und Design: Die Zimmer geschmackvoll, aber kein Mitarbeiter weit und breit, Check-in und Check-out erfolgen am Selfservice-Terminal. Hostels und Jugendherbergen (DanHostel) sind mit munteren Lounges, Bars und vielen Einzel- wie Doppelzimmern – oft mit Bad/WC – coole Alternativen für jede Altersgruppe, wirklich günstig aber nur bei Mehrbettzimmern. B&Bs findet man von 500 bis deutlich über 1000 DKK u. a. auf zwei lokalen Portalen: www.bedandbreakfast.dk und www.net-bb.dk.

ZUM SELBST ENTDECKEN

Auf Seiten wie **www.airbnb.de, www.wimdu.de, www.all-copenhagen-apartments.com, www.redappleapartments.com** u. ä. finden sich mehr oder minder zentrumsnah Zimmer und Wohnungen, im Umland auch Ferienhäuser. Wer mit dem Auto kommt und zentral wohnen will, sollte beachten, in welcher Parkzone (▶ S. 110) das Objekt liegt, sonst kann das Parken teurer als das Wohnen werden: Für Kopenhagen lohnen Dauerparker-Lizenzen (min. 5 Tage, www.parkering.kk.dk/en/private-permits/term-permit) und in Frederiksberg kann man Tages- (75 DKK) und Wochentickets (360 DKK) per App, an Automaten oder in vielen Kiosken unter Angabe des Kennzeichens buchen. Das Fahrzeug kann innerhalb der jeweiligen Zone bewegt werden, ein sichtbarer Parkschein ist nicht erforderlich.

Kopenhagens kleinstes Hotel hat wenigstens einen festen Preis für sein einziges Zimmer.

Klein ist die Maxime
Central Hotel & Café 🛏 D 6
Kopenhagens kleinstes Hotel mit
nur einem Zimmer ist ein Traum für
Kuscheltypen, nostalgisch bis zur
letzten Schraube, platzoptimiert, aber
nicht beengt. Im Untergeschoss wartet
Kopenhagens angeblich kleinstes
Café – da kenne ich allerdings noch ein
paar andere Kandidaten! – mit dem
Frühstück. Und das übersichtlichste ist
der Preis: 2500 DKK mit Frühstück für
zwei ohne wenn und online! Und wo
kriegt man schon ein ganzes Hotel für
den Preis?
Tullinsgade 1, 1610 Køb K, grüne Parkzone/
Frederiksberg, T 33 21 00 95, www.centralhotel
ogcafe.dk

Ökologisch, exotisch und bohèmien
66 Guldsmeden 🛏 D 6
Vesterbro pulsiert mit angesagten
Restaurants, Kneipen und Clubs – da
schläft man in den Himmelbetten des
66 Guldsmeden stilecht mittendrin, aber
trotzdem ruhig, weil die meisten Zimmer
zu einem Innenhof liegen. Der ist im
Sommer immer eine kleine Oase für
ruhige Momente.
Vesterbrogade 66, 1620 Køb V, grüne Parkzone
oder Hotel-Parkplätze 125 DKK/Tag, T 33 22 15
00, flexible Preise ab ca. 775 DKK + Frühstück
175 DKK/Pers. Das 66 ist das günstigste der
fünf Kopenhagener **Guldsmeden Hotels,** die für
üppige Bio-Frühstücke und exotische Einrichtung
bekannt sind. Am oberen Ende der Preisskala
punktet das 86-Suiten-Hotel **Manon les Suites**
(🗺 Karte 2, E 5) mit einer Poollandschaft im
überdachten Innenhof. Alle: https://guldsme
denhotels.com

Ich liebe das Frühstück
Scandic Kødbyen 🛏 E 7
Das hippe Hotel öffnete 2018 in Tuch-
fühlung zur vibrierenden Kødbyen, dem
kulinarischen Hotspot Kopenhagens,
nur Schritte von der S-Bahn Station
Dybbølsbro und gute 10 Min. zu Fuß
vom Hauptbahnhof mit Metro-Station
entfernt. Die Zimmer sind klassisch
nordisch und das Frühstücksbüffet
glänzt wie üblich in Scandic Hotels
durch Vielfalt, setzt auf Bio- und Fair-
trade-Produkte und verzichtet bewusst

ÜBRIGENS

Die Statistik offenbart es: Weit mehr
deutsche Urlauber übernachten in
Ferienhäusern des Umlands als in
den Hotels der Stadt. Der perfekte
ÖPNV der Hauptstadt reicht bis in
die Ferienhausregionen hinein und
überall gibt es Park-&-Ride-Optio-
nen. Populäre Ferienhausgebiete
in Meeresnähe liegen nördlich an
der **Kattegatküste** Nordseelands
(60 Min. mit dem Auto, 60–90 Min.
mit ÖPNV, www.visitnordseeland.de)
und auf der Halbinsel **Odsherred,**
– übrigens ein UNESCO Geopark
und als Anbaugebiet für Qualitäts-
gemüse sowie gute Weine bekannt
(80/110 Min., www.visitodsherred.
de). Südlich der Hauptstadt gibt
es Ferienhäuser auf der UNESCO-
Welterbe-Halbinsel **Stevns** und
auf der Insel **Møn,** die auch noch
in akzeptabler Entfernung liegt
(70–90/110–140 Min., beide: www.
cphcoastandcountryside.de).

auf Verpackungen – das gibt ein ›like‹!
Skelbækgade 3A, 1717 Køb V, grüne/blaue
Parkzone oder Hotelgarage 215 DKK/Tag, T 72
18 33 40, Tagespreise ab ca. 1400 DKK. Die elf
Scandic Hotels in Stadt und Peripherie bieten oft
Familienangebote. Alle: www.scandichotels.de/
Kopenhagen

Außen Jugendstil, innen familiär
Savoy Hotel 🛏 E 6
Zuerst fällt die Fassade des Savoy ins
Auge: Kopenhagens Stararchitekt des
frühen 20. Jh., Anton Rosen, hat hier
nach dem Vorbild der Chicagoer Schule
eine Curtain Wall konstruiert, eine nicht-
tragende Stahlskelettfassade mit Bron-
zeverkleidung. Die gemütlichen Zimmer
liegen zu einem ruhigen Innenhof, die
Atmosphäre ist sehr familiär.
Vesterbrogade 34, 1620 Køb V, T 33 26 75 00,
www.savoyhotel.dk, grüne Parkzone oder Parkhaus mit Sonderkonditionen, flexible Preise,
DZ ab ca. 1000 DKK, Rabatt bei Direktbuchung.

In fremden Betten

Luxus, Design und Ruhezonen
Skt. Petri 🏠 Karte 2, F 5

Modernes Design prägt die fast 290 Zimmer in einem Baudenkmal des Funktionalismus der 1920er-Jahre – die besten Zimmer haben Dachterrassen. Das Skt. Petri versteht sich selbst als ›Urban Resort‹ mit ruhigen, grünen Zonen – fast zu schade, hier ›nur zu übernachten‹.

Krystalgade 22, 1172 Køb K, rote Parkzone oder Parkservice 500 DKK/Tag, T 33 45 91 00, www.sktpetri.com, sehr flexible Tagespreise ab ca. 1450–3000 DKK für dasselbe, einfachste Zimmer je nach Saison und Wochentag, auch Familienzimmer (max. 4 Pers.), Bonus bei Direktbuchung über Hotel-Website!

Überraschendes im Latinerkvarter
Hotel SP34 🏠 Karte 2, F 5

2014 runderneuertes Vier-Sterne-Plus-Hotel in einer alter Häuserzeile mit äußerst originellem Design, Restaurant zu einer kleinen Nebenstraße hin, Terrassencafé im Innenhof. Morgens üppiges Biofrühstück. Die Zimmer sind wahrlich nicht standardisiert, eher jedes etwas anders gestaltet, die besten haben romantische Dachterrassen mit Blick über die Altstadt.

Sankt Peders Stræde 34, 1453 Køb K, rote Parkzone, T 33 13 30 00, DZ Tagespreise ab ca. 1300 DKK. Saison eher ab 2000 DKK; Hotelfahrräder 150 DKK/Tag. Das SP34 gehört zu einer lokalen Kette von sechs Boutique-Hotels, u. a. mit dem preiswerten Funktionalismus-Kleinod **Astoria** am Bahnhof (🗺 Karte 2, E 6) und dem 2017 eröffneten **Hotel Danmark** (🗺 Karte 2, F 6) im Museumsdreieck (▶ S. 64). Auf www.brochner-hotels.dk kann man gezielt in einem oder übergreifend in allen Häusern Zimmer suchen.

Zwei Sterne, drei coole Häuser
Wakeup Copenhagen

🏠 2 x F 7 und 1 x Karte 2, G 5

Viele Sterne sind den drei cool-funktionalen Hotels egal, die gibt's eh nur für Firlefanz, den keiner braucht, und so setzen die Wakeup Hotels auf trendig designte Lounge-Zonen für die Generation Internet – freies WLan überall, automatische Check-in/Check-out (Rezeption optional). Je besser die Aussicht, desto teurer die Zimmer, ganz oben ›Low-budget-Suiten‹ als Wakeup-heaven-Zimmer.

Borgergade 9, 1300 Køb K, T 44 80 00 90; Carsten Niebuhrs Gade 11, 1577 Køb V, T 44 80 00 10; Bernstorffsgade 37, 1577 Køb V 7, T 80 30 30 45, alle drei grüne Parkzone, www.wakeupcopenhagen.dk, Tagespreise ab 500 DKK, flexibel +100 DKK, telefonische Buchung +100 DKK, Frühstück +90/120 DKK. Die Wakeup-Hotels gehören zur größten lokalen Kette mit weit über 3000 Zimmern in elf Hotels und einem Designhostel von cool-günstig bis romantisch-luxuriös. Alle: www.arp-hansen.dk, T 80 30 30 45

Zimmer wie Schiffskabinen
Hotel Cabinn City 🏠 F 7

Das zentralste der vier Kopenhagener Cabinn Hotels mit knapp 400 Zimmern

---

SCHON ERWÄHNT

In den 15 Direkt-Kapiteln dieses Buchs sind weitere Hotels erwähnt. Weil sie etwas Besonderes sind, wie das **Hotel d'Angleterre** (▶ S. 24), in dem Fontane seine Effi Briest nächtigen ließ, oder das **Hotel Tivoli**, das den Namen trägt, aber nicht im Tivoli liegt, im Gegensatz zum edlen **Boutique-hotel Nimb** (▶ S. 38). Oder die maritimen Speicherhotels **71 Nyhavn** und **Copenhagen Admiral** (▶ beide S. 45), jedes eine Attraktion für sich. Das gilt ebenso für Skandinaviens größ-tes Hotel **Bella Sky Copenhagen,** eine architektonische Extravaganz, und das von Daniel Libeskind entworfene Hotel **Cabinn Metro**, beide in der Zukunftsstadt Ørestad (▶ S. 60). Und nicht zu vergessen der Architektur- und Designklassiker aus den 1960er-Jahren par excellence: das **Radisson Collection Royal Copenhagen** (▶ S. 82), entworfen von Arne Jacobsen – sie alle sind auf ihre Art speziell, aber immer gut für einen außergewöhnlichen Aufenthalt.

Dahinter steckt ein kluger Gast des Hotels Skt. Petri

liegt neben dem neoklassizistischen Polizeipräsidium und nur Schritte vom Tivoli entfernt. Funktionalität hat in allen Cabinn Hotels erste Priorität, die Zimmer für bis zu vier Personen erinnern an Schiffskabinen, aber eher an die auf einer Fähre als auf einem Kreuzfahrtschiff.

Mitchellsgade 14, 1568 Køb V, T 33 46 16 16, www.cabinn.com, grüne Parkzone oder Tiefgarage + 180 DKK, Festpreise für alle Hotels der Kette gleich ab 625 DKK, ein richtiges Doppelbett gibt's ab der Commodore-Klasse für 775 DKK, Frühstück + 75 DKK/Pers.

Vorurteile zu Hause lassen
DanHostel Copenhagen City
🏠 Karte 2, G 7

Bitte alle Vorurteile gegen Jugendherbergen vergessen: Mit 1020 Betten in knapp 200 hellen Zimmern, alle mit Dusche/WC, auf 15 Stockwerken setzt die Designerherberge Standards. Genial sind Eckzimmer in den oberen Etagen mit Hafenblick – regelrechte VIP-Zimmer! Eine Hausbar gibt's auch, 24-Std.-Rezeption, und ein Öko-Frühstück, das mit besten Hotels konkurrieren kann.

H. C. Andersens Boulevard 50, 1553 Køb V, T 33 11 85 85, www.danhostelcopenhagencity.

dk, grüne Parkzone, DZ ab 500 DKK, Hochsaison ca. 850–1050 DKK, auch Familienzimmer bis 6 Pers. Rabatt mit Hosteling International Card (Jugendherbergsausweis), Frühstück +75 DKK bei Vorausbuchung, sonst 85 DKK. Drei einfachere und günstigere DanHostel mit kostenlosen Parkplätzen und guter ÖPNV-Anbindung ans Zentrum liegen in der Peripherie (alle: www.danhostel.dk)

Flucht aus der Großstadt
Skovshoved Hotel 🏠 Karte 3, B 3

Das Skovshoved Hotel mit 22 sehr individuellen Zimmern und Suiten kommt im Stil eines romantisch, luxuriösen Badehotels aus dem 19. Jh. daher, eingebettet in den Vorort Skovshoved, der sich den Charme vergangener Fischerdorfzeiten bewahrt hat. Im Haus gibt's ein Gourmet-Steakrestaurant sowie eine rustikale ›Krostue‹ mit deftiger Küche, in der auch Locals ihr Bier trinken. Wer hier Quartier nimmt, sollte sich den Aufpreis für ein Zimmer mit Øresund-Blick gönnen!

Strandvejen 267, 2920 Charlottenlund, T 39 64 00 28, www.skovshovedhotel.dk, Bus ins Zentrum vor der Tür, DZ ab ca. 1650 DKK, Saison ab ca. 2000 DKK, auch Wochenend-, Golf- oder Gourmetpakete

ZUM SELBST ENTDECKEN

Kulinarische Hotspots im Zentrum sind **Nyhavn** und **Gråbrødretorv**, beide idyllisch, aber touristisch. **Strædet** ist da einfacher, jünger, authentischer. Viel Szene zeigt das **Latinerkvarter**, wo man von vegan bis schwul essen kann, und nicht zu vergessen: Die gläsernen **Torvehallerne** und die coole **Kødbyen**. In **Nørrebro** brummt eine vielfältige Gastronomie rund um den **Skt. Hans Torv** sowie in der **Jægersborggade** und neuerdings auch in der **Stefansgade**. Mit französischem Flair verzaubern die Shops und Bistros des **Værnedamsvej** auf der Grenze zwischen Kopenhagen und Frederiksberg, während jenseits des Hafens in **Christianshavn** immer mehr Restaurants öffnen bis hinauf zum charmant anarchischen Streetfood Marked **Reffen**.

Im Norden viel Neues

Vor ein paar Jahren machte Aamanns Deli & Take Away das alte Smørrebrød der bürgerlichen Küche salonfähig für die New Nordic Cuisine: Es war die geglückte Fusion zweier kulinarischer ›Urknalle‹ mit Wurzeln in Kopenhagen.

Um 1880 wurden erste *smørrebrød* geschmiert, Hochadel der Butterschnitte. Meist zum Frokost wird auf einer zarten Scheibe Brot ein kulinarischer Aufbau in Szene gesetzt – ein, zwei oder drei Lagen Aufschnitt, Fisch, Krabben, Hummer, Fleisch, exzellenter heimischer Kaviar, viel Grünes, frischer Spargel, Mariniertes und Fermentiertes, vielleicht ein Gürkchen, etwas Remoulade oder *sky*, wie die Dänen ihren geliebten Zieraspik nennen.

2004 verfassten dann in Dänemarks Hauptstadt zwölf skandinavische Chefköche das ›New Nordic Food Manifesto‹. Treibende Kräfte waren die Kopenhagener Koch-Aktivisten Claus Meyer und René Redzepi, Chef im legendären NOMA. Der folgende Hype brachte die dänische Küche, bis dato kulinarisches Kellerkind, auf Augenhöhe mit französischer oder italienischer Kochkunst. Man huldigt der Heimat: Ökofleisch, Wild, Fisch, Schalentiere, Wildkräuter, Pilze und die Vielfalt der Beeren möglichst aus der Region, besser lokal und nachhaltig produziert oder gleich in der Natur gefunden. Redzepi ist mit seinem NOMA noch einen Schritt weiter gegangen: Sterneküche trifft Urban Farming – Gourmetrestaurant mit Bauernhof.

Näher am Wasser kann man nicht sitzen als im ›Green Island of Copenhagen‹.

SO BEGINNT UND ENDET EIN GUTER TAG IN KOPENHAGEN

Näher am Hafen geht nicht
Green Island of Copenhagen F 7

Dem Hafen kommt man nirgendwo näher, man dümpelt praktisch mitten drin. An einem lauen Sommerabend zum Sonnenuntergang ist das kaum zu toppen! Die Steinofenpizzen von der kurzen, knappen Karte sind klasse, dazu Kaffees und Trend-Cocktails – das Mittelmeer beginnt am Südende der Kalvebod Bølge. Darauf einen Spritz!

Kalvebod Brygge 9, 1560 Køb V, T 33 14 81 89, www.green-island.dk, tgl. 10–22 Uhr, kleine Auswahl, Pizzen 90 DKK, Cocktails ähnliche Preisklasse! Wer schnell fröstelt, sollte darauf eingestellt sein, dass es auf dem Wasser immer etwas kälter ist.

Auch Waschen kann man dreimal
The Laundromat Cafe E 3/G 1/D 6

»New York Times«, »Time Magazine« und »Nordis Magazin« berichteten über das Café mit isländischen Wurzeln, in dem man nebenbei Wäsche waschen und Bücher lesen oder kaufen kann. Die Kaffees sind spitze, auf der Speisekarte stehen gutes Frühstück, Sandwiches, Gourmetburger und Salate.

Elemegade 15, 2200 Køb N; Århusgade 38, 2100 Køb Ø; Gammel Kongevej 96, 1850 Frederiksberg C: alle www.thelaundromatcafe. com, tgl. 9–21 Uhr, Frühstück ca. 80–95 DKK, Sa/So Brunch bis 14 Uhr ca. 145 DKK, Burgers & Co. ab ca. 130 DKK

Shoppingpause bis Schlürschluck
Meine Strædet-Favoriten

 Karte 2, F 6–G 5

Strædet, die ›alternative‹ Fußgänger-zone, ist auch Restaurantmeile. Tapas, Nachos, Burger, Sandwiches, Smørre-brød, Salate, Wraps, Brunch – die ganze Palette städtischer Café- und Bistroküche wird aufgetischt, solide und bezahlbar. Hier bekommt man tagsüber für rund 100 Kronen immer etwas zu essen, Steaks sind natürlich teurer. Im **Grabz** gibt's für knapp 80 Kronen jeden Mittag bunte Frokost-Vielfalt von Smørrebrød bis Nachos, **Café Stella**

P
PØLSER

Mobile Würstchenbuden stehen an Brennpunkten des Lebens, einige die ganze Nacht. Der des Dänischen Unkundige setzt gerade an zu »En pølse og en brød meg begge dele!«, da liegt das Würstchen mit angetoastetem Brötchen sowie Ketchup- und Senfklecks schon vor ihm (ab ca. 25 DKK). Alle Varianten hängen als Bilder aus, Zeigen reicht. **Den Økologiske Pølsemand** – kurz *døb* – neben dem Rundetårn (Karte 2, F 5) und vor der Helligåndskirke (Karte 2, G 5) hat ausschließlich Biowürst-chen auf dem Grill, auch von Rind, von der Ziege oder von Geflügel, immer mit spannenden Gewürzen, und – irgendwie pervers – vegane Würstchen. Øko-Pølser kosten etwas mehr, aber das lohnt!

füttert am Wochenende mit preis-wertem Brunch bis 16 Uhr kleine und große Kater der letzten Nacht, und in **Hoppes Café og Bar** sitze ich egal zu welcher Zeit am liebsten an einem der Fenster mit Blick auf das Strædet-Leben. Sonntags kann man sich hier bei einem Brunchbüfett gut von den Anstrengun-gen des Wochenendes erholen.

Grabz: Kompagnistræde 14, 1208 Køb K, www. grabz.dk, Mo–Fr/Sa 11.30–22/24 Uhr

Stella: Kompagnistræde 18, 1208 Køb K, www. cafestella.dk, tgl. 9–24 Uhr, Frühstück tgl., Sa/So auch Brunch-Büffett bis 16 Uhr

Hoppes: Læderstræde 11A, 1201 Køb K, www. cafehoppes.dk, tgl. ab 9, mindestens –24, Do bis 2, Fr/Sa bis 4 Uhr

Kleine Küche, ehrliche Weine
Café Plenum E 3

Hier gibt's den kleinen, starken *Espresso macchiato*, wie ich ihn liebe, Weine ebenso wie gute nicht alkoholische Drinks, kleine Snacks und günstiges Essen von früh bis spät – ganz viel noch unter 100 DKK. Da kommen auch die

Locals gern. Und wenn man Menschen auf dem Skt. Hans Torv beobachten will, gibt's ein paar Bänke – aka Raucherplätze – auf dem schmalen Trottoir.

Skt. Hans Torv 3, 2200 Køb N, www.cafeplenum. dk, Mo–Mi/Do/Fr 9–0/1/2, Sa/So 11–2/22 Uhr

... und später kommt der DJ

Oscar Bar & Café 🚇 Karte 2, F 6
Gay-Treff am Regenbogenplatz gleich neben dem Rathaus mit Straßencafé im Sommer und Clubnächten am Wochenen-

de. Der Brunch mit vielen frischen Zutaten baut nach langen Nächten wieder auf. Die Küche bringt einen Mix aus Traditionen und Trends von Smørrebrød über Burger bis zu Salaten und abends wechselnde Hauptgerichte nach Jahreszeit mal Hausmannskost, mal Exotisches (ca. 130–150 DKK). Gute Cocktails bringen später die Gäste in Stimmung.

Regnbuepladsen 7, 1550 Køb K, T 33 12 09 99, www.oscarbarcafe.dk, So–Do, Fr/Sa 11–23/02 Uhr, Sa in der Regel ab 22 Uhr Party mit DJ

HÄPPCHENWEISE DIE STADT ERKUNDEN

Copenhagen Food Tours

Der Startpunkt der **Culinary Experience-Tour** vor **Torvehallerne** (▶ S. 83) ist perfekt, um das kulinarische Kopenhagen kennenzulernen. Erst einmal geht es hinein in die Markthallen und da fängt das Staunen an: Dänen können Käse, Massenhersteller ARLA hat hier einen Shop für seine Gourmetlinie Arla Unika. Lakritz, Kekse und ein Aufgesetzter aus Bornholm folgen – die Insel wird immer mehr zum Gourmetlieferanten für die Hauptstadt. Im Botanischen Garten zaubert der Guide dann einen dänischen Dessertwein aus der Tasche, im Land wächst Wein kommerziell! Aber das ehrwürdige Palmenhaus, vor dem man gerade sitzt, sei mit Geld eines Bierbrauers entstanden – so füllen

Proben und Geschichten rund um Essen und Trinken vier kurzweilige Stunden. Satt wird man auch, gibt's doch noch Smørrebrød von **Aamanns** (▶ S. 96), Bier im **Nørrebro Bryghus** (▶ S. 106) und einen Bio-Hotdog vom **Ökologiske Pølsemand** (▶ S. 91), ehe die Tour mit einem süßen Abschluss wieder in den Markthallen endet. Eine **West-End-Tour** erschließt Kødbyen mit Stopps u. a. bei **Fleisch**, dem Schlachter mit Küche (▶ S. 83) und im Sommer gibt's einen **Evening Gourmet Stroll** mit einem aufwendigeren Essens in einem Gourmetlokal.

foodtours.eu, Buchungen T 50 12 36 45, 4-Std./4-km-Tour tgl. ab 10.30, So 11 Uhr, 850 DKK, 500 DKK/3–12 Jahre, West-End-Tour 3 Std./3 km, Di–Sa 11 Uhr, 800/500 DKK, Gourmet Stroll 2,5 Std./3 km Mo–Do 17.30 Uhr (ca. April–Okt.) 950/600 DKK

Das Flaggschiff erfindet sich neu
NOMA 🍴 K 4

René Redzepi, Chef des NOMA und gefeierter Guru der Nordischen Küche (NOrdisk MAd), begeistert Gourmets und Kritiker, polarisiert aber auch und verlangt nahezu cholerisch Mitarbeitern kulinarische Perfektion ab. Gäste müssen ihm vertrauen, wenn die Suppe wie öliges Brackwasser aussieht oder die Beilage auf dem Blaubeerdessert noch krabbelt. 2008–2016 hielt das NOMA zwei Sterne und war permanent unter den besten Restaurants der Welt, viermal auf Platz eins. 2016 schloss es am alten Standort und erfand sich 2018 als ›Urban Farm‹ am Rande der Hippiefreistadt Christiania (▶ S. 51) neu mit Gewächshäusern, Kräuterdachgarten und Hightech Food-Laboratorien – das Restaurant einer neuen Dimension. Lokal und saisonal sind die Dogmen seiner Küche: Wild im Herbst, Meeresfrüchte im Winter, Gemüse und Grünes im Sommer – Vegetarier brauchen nur dann zu kommen!

Refshalevej 96, 1432 Køb K, www.noma.dk. Reservieren kann man ca. 6 Mon. vorab online bei Vorauszahlung des Menüpreises (ab ca. 2400 DKK/Pers.). Zwischen den drei Saison-Perioden macht das Team in der Regel 2 bis 3 Wochen Pause.

Geerdete Öko-Sterneküche
Relæ/Manfreds 🍴 C 3

Nordic Cooking biologisch – mindestens 90 % aller Rohwaren kommen aus Bioproduktion –, innovativ, minimalistisch und mit einem Hauch Italien trifft es gut, will man Kopenhagens günstigste Sterneküche charakterisieren: Christian Puglisi, Kopf des Relæ und NOMA-Alumnus, stammt gebürtig aus Messina. In dem kleinen, fast spartanisch eingerichteten Kellerlokal gibt's ein Weltklassemenü – das Relæ taucht seit Jahren regelmäßig in der Liste der 100 besten Restaurants der Welt auf – schon ab ca. 900 DKK. Auf der anderen Straßenseite isst man

bei Manfreds, Relæs Dependance, etliche Kronen günstiger, hat Vegetarisches aber auch handgeschnittenes Rindertartar als Spezialität auf der Karte und die Weine sind ›natur‹, sprich ungefiltert und bio.

Jægersborggade 41/40, 2200 Køb N, Relæ: T 36 96 66 09, www.restaurant-relae.dk, Di–Sa ab 17 Uhr, Fr/Sa auch Frokost; Manfreds: T 36 96 65 93, www.manfreds.dk, tgl. Frokost ab 12, Abendküche ab 17 Uhr

Keimzelle einer Bewegung
Madklubben Bistro-De-Luxe
🍴 Karte 2, H 4

Hochwertiges Essen, modernes Ambiente, günstige Preise – mit diesem Konzept war Madklubben, der ›Essensclub‹, so erfolgreich, dass inzwischen neun unterschiedlichste Restaurants der Stadt dazu gehören. Hier im Stammhaus wird moderne dänische Küche und solider Wein ohne viel Brimborium zu übersichtlichen Preisen serviert – drei Gänge 225 DKK und ›gut is‹. Wer ein extra dickes Steak will, zahlt etwas mehr.

Store Kongensgade 66, 1264 Køb K, T 33 32 32 34, madklubben.dk/bistro-de-luxe, Mo–Sa ab 17.30 Uhr

Rebellen im royalen Viertel
rebel 🍴 Karte 2, H 4

Das Gourmetbistro verbindet beste dänische Produkte und französische Küchentraditionen. Der Gast wählt aus rund einem Dutzend ›kleiner Gerichte‹ drei bis vier aus oder genießt einen ›rebellischen Abend‹ mit sieben Gängen und passenden Weinen (ca. 1525 DKK).

Store Kongensgade 52, 1264 Køb K, T 33 32 32 09, www.restaurantrebel.dk, Di–Sa ab 17.30 Uhr, ›volle Mahlzeit‹ ca. 300 DKK

Bornholm grüßt die Hauptstadt
Koefoed, Kadeau
🍴 Karte 2, G 5/H 6

Die Ostseeinsel Bornholm positioniert sich kulinarisch zunehmend als ›dänische Provence‹. Pasta, Senf, Ökofleisch und Geflügel, Gewürze, Edellakritz, Craft-Bier – die Palette der Inselprodukte ist groß. **Bornholmerbutikken,** der Shop mit den Bornholmer Spezialitäten in Torvehallerne (▶ S. 83), bietet ein

Ida Davidsen schmiert Smørrebrød in vierter Generation. Die Schnittchen-Dynastie verwöhnte schon Könige wie Hollywoodstars und landete mit der Vielzahl ihrer Kreationen im Guinness Book of Records.

breites Sortiment von der Insel. Im royalen Viertel (▶ S. 33) serviert das Restaurant **Koefoed** in seinen intimen »Kohlen«-Kellernischen Smørrebrød- und Frokost-Teller ab ca. 100 DKK zum Mittag, abends ist meine Wahl immer das Fischmenü (ca. 500 DKK).

Kadeau København ist Ableger eines Sommerlokals auf Bornholm, zusammen ergatterten beide 2018 drei Michelin Sterne – einen das Bornholmer Original, zwei die Dependance in Kopenhagens malerischem Stadtteil Christianshavn. Dort wird naturverbundenes Nordic Cooking der absoluten Gourmetklasse serviert – das Beste von der Insel als ›Bornholmerbank‹ ca. 1950 DKK.

Koefoed: Landgreven 3, 1301 Køb K, T 56 48 22 24, www.restaurant-koefoed.dk, Di–Sa 12–15 und ab 17.30 Uhr

Kadeau København: Wildersgade 10 b/a, 1408 Køb K, T 33 25 22 23, www.kadeau.dk, Mo–Sa ab 18.30, Sa auch Frokost 12–16 Uhr

Im Grünen der Stadt
Restaurant Orangeriet
🍴 Karte 2, G 4
Ein strahlend heller Raum fast ganz in Weiß sorgt für die Atmosphäre eines

Ausflugslokals und dazu passt das Grün vor den Fenstern, denn man sieht fast nichts von der Stadt, nur sehr viel vom Kongens Have. Bei schönem Wetter kann man natürlich auch draußen sitzen. Moderne Gourmet-Smørrebrød, mittags und abends junge nordische Küche, immer mit viel Fisch, stehen auf der Karte, die oft wechselt.

Kronprinsessegade 13, 1306 Køb K, T 33 11 13 07, www.restaurant-orangeriet.dk, Di–Sa Frokost ab 11.30, abends ab 18 Uhr, So nur Smørrebrød und Kuchen 12–16 Uhr, u. a. Edel-Smørrebrød um 85 DKK/Stück, abends Hauptgerichte um 220 DKK, Menüs ab 395 DKK

INSTITUTIONEN URDÄNISCH

Heimliche Folketing-Kantine
Slotskalderen Hos Gitte Kik
🍴 Karte 2, G 5
Bilder an den Wänden zeigen Politiker aus über einem Jahrhundert, die hier Gäste waren. Seit 1910 gibt's Smørrebrød und am einfachsten sucht man sich von der Theke 2 bis 3 aus, die einem das Wasser im Munde zusammenlaufen lassen …

Fortunstrade 4, 1065 Kob K, T 33 11 15 37,
www.slotskaelderen.dk, Di–Sa 10–17,
Küche –15 Uhr, Dez. auch Mo, Juli geschl.,
ca. 70–150 DDK pro ›Butterstulle‹

Urdänische Frokost
Pilekælderen  Karte 2, G 5
Dänischer geht Frokost kaum: Hering,
Hühnersalat, Leberpastete, rohes Tatar,
aber auch vegetarische Varianten – alles
hjemmelavet, also hausgemacht.
Pilestræde 48, 1112 Køb K, T 33 33 00 26, www.
pilekaelderen.dk, Mo–Sa 11.30–17 Uhr, mit 2
bis 3 ›Teilen‹ (ab 70 DKK/Stück) ist man satt.
Nov.–Dez. erweiterte Karte zur Julefrokost.

Nyhavn mit deftiger Kost
Nyhavns Færgekro  Karte 2, H 5
Typisches Nyhavn-Restaurant mit einem
an dieser Kneipenzeile guten Preis-Leis-
tungs-Verhältnis. Das Heringsbüfett mit
einem Dutzend verschieden zubereiteter
Sorten ist mittags eine gute Wahl – genial der gebratene *Stegte sild.* Zum
Runterspülen gibt's Kräuterschnaps, der
am Tisch aus neutralem ›Öko‹-Klaren
und Kräuterbrand gemixt wird.
Nyhavn 5, 1051 Køb K, T 33 15 15 88, www.
nyhavnsfaergekro.dk, tgl. ab 10, Brunch Fr–So,
Frokost ab 11.30 Uhr, u. a. mit Smørrebrød ab
85 DKK und Heringsbüfett 130 DKK, Abendküche ab 17 Uhr, Hauptgerichte ca. 175–235 DKK

Da erzähl ich später: Das war typisch dänisch!
Peder Oxe  Karte 2, F 5
Das Restaurant am Gåbrødretorv mit
seinem unbehandelten Dielenboden
und den ›Piger‹ in weißen Schürzen,
die wie aus dem 19. Jh. importiert
wirken, ist für viele Besucher typisch
dänisch. Fisch und Fleisch werden hier
frisch je nach Marktlage verarbeitet. Zu
allen Hauptgerichten kann man vom
Salatbüfett nehmen (+ 65 DKK) – diese
Art, Beilagen zu servieren, soll hier
erfunden worden sein. Klassiker ist der
okseburger, ein Rinderhacksteak mit
Backkartoffel.
Gråbrødretorv 11, 1154 Køb K, T 33 11 00 77,
www.pederoxe.dk, So–Mi/Do–Sa 10–23.30/24
Uhr, Küche bis 22.30/23 Uhr, Hauptgerichte
165–250 DKK, mittags sind Heringsspezialitäten
und Smørrebrød eine gute Wahl

ESSEN MIT AUSSICHT

Toldboden/Havnegrill  J 3
Modern-maritime Küche – Spezialität
Edel-Fish-&-Chips (155–220 DKK) –
mit perfektem Blick auf den Hafen
sowohl von den Indoor- wie von den
sommerlichen Outdoorplätzen. Die
Rohwaren sind meist bio und von
lokalen Produzenten, viel Gemüse
stammt sogar aus eigener Landwirt-
schaft. Am Wochenende gibt's zu
später Stunde gern Musik live oder
vom DJ.
Nordre Toldbod 24, 1259 Køb K, www.
toldboden.com, April–Sept. So/Mo–Do
9.30/10–21, Fr/Sa 10/9.30–2 Uhr, sonst
So/Mo–Do 9.30/11–17, Fr/Sa 11/9.30–24
Uhr – immer etwas witterungsabhängig.
Hauptgerichte abends ab 155 DKK, Sa/So
gibt's ab 9.30 Uhr ein populäres Brunchbüfett (reservieren! ca. 225 DKK).

Frauen dürfen jetzt auch allein rein
Husmanns Vinstue  Karte 2, F 5
Der geschmorte Räucheraal mit Rührei
ist Spezialität – ca. 160 DKK – in
diesem klassischen Frokost-Kellerlokal,
das seit 1888 exzellente Smørrebrød
serviert. Frauen dürfen erst seit 1953
hinein, anfangs in Begleitung ›erwachsener‹ Männer, seit 1981 auch allein.
Das Julefrokost in der Vorweihnachtszeit
ist ›weltberühmt‹ in Dänemark!
Larsbjørnsstræde 2, 1454 Køb K, T 33 11 58 86,
www.husmannsvinstue.dk, Mo–Fr 11.30–18, Sa
12–17 Uhr, Küche bis 16 Uhr, Smørrebrød ab ca.
85 DKK/Stück

Ganz alte Schule des Smørrebrød
Ida Davidsen  Karte 2, H 4
Die Grande Dame des Smørrebrød steht

für die alte Schule der Butterstulle. Ihr Urgroßvater Oskar startete 1888 das Geschäft und ist eine Legende in der Branche. Heute kann man aus rekordverdächtigen 250 Varianten aussuchen, viele nach bekannten Dänen benannt!

Store Kongensgade 70, 1264 Køb K, www. idadavidsen.dk, T 33 91 36 55, Mo–Fr 10.30–17 Uhr, Küche bis 16 Uhr, Juli Sommerpause, ca. 65–195 DKK/Smørrebrød

TRADITION AUF NEUEN TELLERN

Smørrebrød-Renaissance
Aamanns Deli & Take Away/ Etablissement 🚇 F 3
Aamanns steht für die Renaissance des Smørrebrød und anderer Klassiker in der modernen nordischen Küche: Nur frische Rohwaren nach Jahreszeit und alles hausgemacht – besser geht's nicht. Unbedingt die Heringsvarianten probieren! Abends stellt der Koch gern ein Menü aus Gerichten im Tapas-Stil oder aus drei Edel-Smørrebrød zusammen.

Øster Farimagsgade 10/12, 2100 Køb Ø, www. aamanns.dk, **Deli & Take-away:** T 20 80 52 01, tgl. 11–20 Uhr, wenige Sitzplätze, Smørrebrød ab 70 DKK; **Etablissement:** T 20 80 52 02, Frokost Mo–So 12–16, abends Mi–Sa ab 18 Uhr, ca. 75–120 DKK je kleines Gericht, Menüs 285 DKK

Vergiss Omas Hafergrütze
Grød 🚇 C 3 und G 1
Man sollte nicht an Omas Haferbrei denken, denn viel hat Grøds Grütze damit nicht gemein: Körner, Nüsse, getrocknete und frische Früchte und Gemüse, das meiste davon biologischer Herkunft, sind Zutaten der modernen Grützegerichte. Das ›Grød‹ in der Jægersborggade nimmt für sich in Anspruch, das erste moderne Gourmetgrütze-Lokal der Welt gewesen zu sein – gesund, biologisch und zurück zu den Basics des Kochens ist es allemal. In allen Grød-Filialen gibt's fertige ›Grützen‹ auch zum Mitnehmen sowie abgepackte Zutaten zum Selbermixen.

Jægersborggade 50, 2200 Køb N und Vesterbrogade 105B, 1620 Køb V, beide www.groed.com, Mo–Fr 7.30–21, Sa, So 9–21 Uhr, Frühstücksportionen mit Zutaten ab ca. 50 DKK, mittags und abends ab ca. 75 DKK

EXPERIMENTIERFREUDIG UND UNGEWÖHNLICH

Trendkost unter einem Dach
42° RAW/PALEO 🚇 Karte 2, G 5
Ganz zentral sind zwei urbane Trendlokale unter einem Dach vereint vom Frühstück bis zum kurzen After-Work-Happen: moderne Rohkostküche mit Kuchen, Kleinigkeiten und vielen Smoothies – alles vegetarisch, glutenfrei usw. im 42° RAW, und Steinzeitkost für den modernen Stadtmenschen, viele Proteine, Gemüse, Früchte, ausgesuchtes Fleisch, Wild, Fisch im PALEO.

Pilestræde 32, 1112 Køb K, **42° RAW:** www.42raw.dk, T 32 12 32 10, Mo–Fr 8–20, Sa, So 9–18 Uhr; **PALEO:** www.palaeo.dk, T 73 70 97 01, Mo–Fr 8–20, Sa 9–19, So 9–17 Uhr

Vegetarisch ausgeflippt
Morgenstedet 🚇 J 6
Hippie-Charme und vegetarische Kost – Salate, Suppen, Eintöpfe –, alles ökologisch und trotzdem günstig. Warum das Minirestaurant in Christiania (▶ S. 51) bei einer Öffnungszeit von 12–21 Uhr übersetzt ›Morgenstätte‹ heißt, ist wohl nur mit der speziellen Logik der Freistadt zu erklären.

Fabriksområdet 134, 1440 Christiania, www. morgenstedet.dk, Di–So 12–21 Uhr, Hauptgerichte ab 80 DKK

Sie machten in Kopenhagen Stäbchen restaurantfähig
Sticks 'n' Sushi 🚇 Karte 2, E 4
1994 das erste Lokal in der Nansensgade, dann stadtweit Kult und inzwischen in Berlin und London präsent, bietet die Kette Sushi gehobener Qualität, immer auch als Take-away.

Nansensgade 59, 1366 Køb K, T 33 11 14 07, www.sushi.dk, Kernzeit tgl. 10–22.30 Uhr, zehn weitere Lokale im Großraum Kopenhagen

Längst nicht nur für Kinder attraktiv
Jensen's Bøfhus 🚇 Karte 2, E 6
Die dänische Antwort auf das große M und die Burgerkrone: Nicht kulinarisch,

MUSEUMSKANTINEN DER BESSEREN ART

Dänen gehen gern in Museen auch zum Essen, entsprechend werden Cafés und Restaurants mit jedem Museumsneu- oder -umbau größer und besser. Selbst bekannten Gastronomen fällt kein Zacken aus der Krone, diese zu bewirtschaften. Einige liegen zentral:

Das **Café Glyptoteket** serviert zwischen antiken Skulpturen süße Verführungen, gute Kaffees und Herzhaftes zum Frokost im Wintergarten der **Ny Carlsberg Glyptotek** (▶ S. 64), ist aber nur mit Museumseintritt zugänglich, außer dienstags, am ›Gratistag‹.

Ohne Museumseinritt für das Nationalmuseum (▶ S. 65) gelangt man in dessen Restaurant **smör,** das dem Smørrebrød zu neuen kulinarischen Ehren verhilft, ohne die große Traditi-

on dieser Edel-Stulle zu ignorieren. An ausgewählten Sonntagen stellt das smör **Nationalmuseets kæmpe store kagebord** auf, ein überbordendes Kuchenbüffett im Stil der legendären jütländischen Kaffeetafel (smör, T 53 61 14 16, www.restaurant-smor.dk, Di–So 10–17 Uhr, Kuchen: So (nicht im Hochsommer) 11–16 Uhr, 200 DKK, 125 DKK/bis 11 Jahre).

Café & Øl-Halle 1892 im **Arbejdermuseet** (▶ S. 70) ist ohne Eintritt erreichbar und setzt bei Preisen um 100 DKK auf solide, proletarische Frokost-Küche, Hausmannskost oder mal auf ein Notessen aus dunklen Zeiten, wie den vegetarischen ›Krigsfisk‹: gebratene Pastinaken. Samstags ist das ›Smørrebrødsbuffet‹ ein Renner (11–15.30 Uhr außer Vorweihnachtszeit, 199 DKK, 99 DKK/Kinder).

aber deftig, fleischlastig, preiswert und familienfreundlich – Kinder werden gut unterhalten und verwöhnt. Die Beilagen kann man sich am Salatbüfett zusammenstellen (+ ca. 50 DKK) und Kids lieben das Softeis-Büfett mit allerlei

bunten Streuseln und vielen süßen Soßen (55 DKK).

Vesterbrogade 11A, 1620 Køb V, T 33 25 03 66 und Axeltorv 6, 1609 Køb V, T 33 12 16 66, www.jensens.com, Mo–Sa/So 11.30–23/22 Uhr, Frokost ab ca. 80 DKK, Hauptgerichte abends ab ca. 120 DKK, Kindermenüs ab 50 DKK.

Hygge und Heringe

Edelsouvenirs von Royal Copenhagen oder Georg Jensen erhält man nicht nur in deren Flagship-Stores am Amagertorv, sondern oft in normalen Haushaltwarenläden, die immer gut sortiert sind mit Produkten des Danish Design.

Vieles, was für dänische ›Hygge‹ steht, gibt es günstig bei Design-Discountern wie Søstrene Grene oder Flying Tiger Copenhagen, aber dann kaum ›made in Danmark‹. In anderen Preissphären bewegen sich Klassiker des Möbeldesigns, selbst gebraucht können sie fünfstellige Eurobeträge kosten, sind aber damit oft noch billiger als südlich der Grenze, sogar inklusive Lieferung.

Frauen wie Männer mögen die auf elegante Art legere Mode dänischer Label, häufige Sonderangebote – *udsalg* – erlauben durchaus Schnäppchen. Auch Secondhand-Schick ist populär oder Abgedrehtes der aktuellsten Retrowelle. Überhaupt sind Altes und Gebrauchtes ein Renner und im sonst so hochpreisigen Dänemark nicht einmal teuer.

Marinierte oder eingelegte Heringe, Krabben, grobe Leberpastete oder Jogurt im Literpack nahmen schon Generationen von Dänemarkreisenden mit nach Hause. Inzwischen ist der Hype um Nordic Cooking mit hochwertigen Rohwaren vom handgesiedeten Læsø-Salz über Bornholmer Rapsöl bis zu Schokoladenspezialitäten kleinster Manufakturen oder Johan Bülows Designer-Lakritz im Einzelhandel angekommen und hat die Spezialitätenregale vieler Supermärkte erreicht.

ZUM SELBST ENTDECKEN

Die Fußgängerzonen **Strøget** und **Købmagergade** sind Schlagadern des Konsums, sein Herz pocht am **Amagertorv,** an dem sie aufeinandertreffen. Von dort bis zum Kongens Nytorv knubbeln sich an der **Østergade** und rundum viele Mode- und Designshops. Dass sich Mode auch abseits des Zentrums verkauft – schriller und innovativer – zeigt u. a. die **Istedgade** in Vesterbro. Wer Altes liebt, stöbert durch die **Ravnsborggade** oder Antiquariate, Letztere liegen vor allem im **Latinerkvarter.**

Sparen: Wer außerhalb der EU lebt, spart in Shops mit dem Zeichen ›Tax-Free-Shopping‹ einen Teil der Mehrwertsteuer von 25 %. Selbstständige kaufen Hochwertiges fürs Büro und zahlen unter bestimmten Bedingungen die geringere Steuer im Heimatland … – wie, das erklärt der Steuerberater.

Stilikone Maxjenny Forlund liebt Farben.

STÖBERN VON BUCH BIS KUNST

Paradies für Bibliophile
Bogudsalg i Helligåndshuset
🔒 Karte 2, F 5
Das ehemalige Kloster Helligåndshuset, einer der besterhaltenen Mittelalterbauten der Stadt, präsentiert mehrmals im Jahr Antiquariatsmessen, bei denen Zehntausende Bücher & LPs meist über drei Wochen hinweg mit einer »holländischen Auktion« – von Tag zu Tag sinkende Einheitspreise – verkauft werden.
Niels Hemmingsens Gade 5, 1153 Køb K, www.forum-antikvariat.dk

Edeltrödel
Thorvaldsen Plads Antique Market 🔒 Karte 2, G 6
Montmartre-Flair mit viel Porzellan, Silber und anderem bessere Trödel kommt freitags und samstags auf die Stände. Der Markt hat seinen Ursprung auf Gammel Strand, wurde vom Metrobau aber in immer neue Exile getrieben, jetzt auf den Platz am Thorvaldsens Museum.
Thorvaldsens Plads, www.antikmarked.com, Mai–Okt. Fr/Sa 7–17 Uhr

Aus zweiter Hand
Københavns Loppetorv – Israels Plads 🔒 Karte 2, F 5
Einer der ältesten Flohmärkte der Stadt für Profi- wie Amateurhändler. Hier kann man von seltenen Vinyl-Scheiben bis Kleinmöbeln alles finden. Und zur Stärkung nach dem Flohmarktbummel liegen die neuen Markthallen Torvehallerne KBH (► S. 83) gleich nebenan.
Israels Plads 1, 1361 Køb K, April–Okt. Fr/Sa ca. 8–18 Uhr

Trödelstraße
Ravnsborggade 🔒 E 3–4
Noch dominieren Secondhand- und Antiquitätenläden, für die die Straße berühmt ist, aber es mischen sich zunehmend Modeläden, Galerien und Gastronomie dazwischen – attraktiver wird es allemal. Bei den Händlern gibt's Kitsch, Möbelklassiker, Klunker, edles Biedermeier,

Silber, Kristall und genau die Tasse vom Königlich Kopenhagener Porzellan, die Sie beim letzten Besuch bei Ihrer Schwiegermutter fallen ließen. Oh, Schreck aber: Es gibt so viele Varianten, hätten Sie bloß ein Referenzstück dabei!
Ravnsborggade, 2200 Køb N, www.ravnsborggade.dk mit Übersicht aller Läden

Da geht ein Licht auf
Hot Kotyr 🔒 D 3
Ein Laden voller gebrauchter Steh- und Deckenlampen ist in Dänemark einen Blick wert, weil das kleine Land so große Lichtdesigner hervorgebracht hat wie Poul Henningsen mit seinen genialen PH Lampen. Im Hot Kotyr – sprich: Haute Couture – sind immer einige vorrätig. Neben Lampen findet man Sammlerspielzeug und alte Schilder.
Nørrebrogade 76, 2200 Køb N, T 35 39 02 74, www.hotkotyr.dk, Mo–Fr 11–18, Sa 10–14 Uhr

HIER IST MUSIK DRIN

Jazz und Café
Jazzcup 🔒 Karte 2, F 4
Klar, dass eine Jazz-Hochburg wie Kopenhagen so einen Laden hat: Vorn Café, hinten CD-/Vinyl-Shop voller Jazz. Fr und Sa oft Konzerte – Jazz natürlich.
Gothersgade 107, 1123 Køb K, T 33 33 87 40, www.jazzklubben.dk, Di–Do/Fr/Sa 10–17.30/18/14 Uhr

Gibt's nicht gibt's nicht
Sound Station 🔒 D 6
Importe aus den USA sind Spezialität dieses Plattenladens, ansonsten stehen nach Eigenwerbung 200 000 Secondhand-Tonträger mit Musik von den 1950ern bis heute in den Regalen, viel Vinyl, aber auch CDs.
Gl. Kongevej 94, 1850 Frederiksberg C, www.soundstation.dk, Mo–Do/Fr/Sa 10–18/19/16, So 12–17 Uhr

Vinyl und ein paar Poster
Route 66 🔒 E 4
Vinyl boomt in Kopenhagen und Route 66 in Nørrebro hat zwar nur einen kleinen Laden, aber der steht voll wie bei »High

CDs kriegt man in Kopenhagen allenfalls noch in Kettenläden oder Supermärkten, dafür umso mehr exzellentes Vinyl wie im Route 66 in Nørrebro.

Fidelity«, und verspricht, immer 50 000 Titel auf Lager zu haben, vieles nagelneu aber auch Etliches aus zweiter Hand.
Fælledvej 3, 2200 Køb N, Mo–Do/Fr 12–18/19, Sa 11–16 Uhr

DELIKATESSEN UND LEBENSMITTEL

Der »Gesünder essen«-Konzern
Meyers Deli 🔊 C 6

Claus Meyer ist eine der tonangebenden Persönlichkeiten der neuen nordischen Küche. Zu seinem Imperium gehören Sterne-, Museums- und Theater-Restaurants, Catering-Firmen und eben dieser Meyers Deli, ein Mix aus edlem Foodshop, Restaurant, Frühstücks- und Kaffeebar mit Qualitäts-Nahrungsmitteln meist aus dem Norden sowie einem Take-away, den das Publikum im etwas edleren Frederiksberg ausgesprochen gern goutiert – auch ideal, wenn man

sich im Viertel über Airbnb oder einen anderen Vermittler mit Selbstversorgung eingemietet hat.
Gl. Kongevej 107, 1850 Frederiksberg, www. meyersmad.dk, Mo–Fr/Sa–So 7/8–21 Uhr

Da sündige ich gern
Anker Chokolade 🔊 D 7/8

Die innovativste Pralinenmanufaktur der Stadt residiert in einem versteckten Keller in Vesterbro. Hier werden schon mal Äpfel, Blumen, Sanddorn, Möhren, Zitronenthymian, Seetang, Balsamico, Sesam oder Rote Beete in den kleinen Verführern verarbeitet, nicht gerade Standard bei Pralinen. Und die Macher achten konsequent auf Nachhaltigkeit, so wird nur Fairtrade-Rohware verwendet.
Godsbanegade 17, 1277 Køb V, www.ankercho kolade.dk, Mo–Do/Fr/Sa 11–18.30/19/17 Uhr. Dependance Nørrebro: Jagtvej 125, 2200 Køb N (► D 2), Mo–Do/Fr/Sa 11–18.30/19/17 Uhr

SCHÖNER WOHNEN MIT DANISH DESIGN

Tischlein, schmück dich!
Butik for Borddækning

🅰 Karte 2, G 5

In der ›Boutique fürs Tischdecken‹, einer Verkaufsausstellung mehrerer Designerinnen und Kunsthandwerkerinnen, dreht sich alles um die Tischdekoration – nicht primär um Tischdecken, wie einmal ein Leser beklagte!

Møntergade 6, 1116 Køb K, T 33 32 61 01, www.butikforborddaekning.dk, Di–Fr 11–18, Sa 11–16 Uhr

Vier Ecken und wunderschön
Arttilles 🅰 D 7

Ein Universum der Quadrate tut sich in der kleinen Fliesenmanufaktur mitten in Vesterbro auf. Und hier wird nicht einfach nur aus dem Karton verkauft, sondern für den Kunden entworfen und handgefertigt – ganz persönlich und einzigartig.

Oehlenschlægersgade 30 & 34, 1663 Køb V, www.arttiles.eu, Di 10–16 Uhr, Do 12–18, 1. Sa im Monat 12–15 Uhr, sonst nach Absprache T 20 63 14 04

Minimalistisch, modern, stylish
DANSK Made for Rooms 🅰 D 7

Stühle, Sofas, Schickes für den Schreibtisch, kleine Helfer für die Küche, Deko-Accessoires – bei DANSK gibt es dänisches und nordisches Design vom Feinsten.

Istedgade 80, 1650 Køb K, danskmadeforrooms. dk, T 32 18 02 55, Mo–Fr/Sa 11–18/16 Uhr

Nierentisch reloaded
Bønneborde København 🅰 C 7

Längst ein Designklassiker ist bønnebordet von Karsten Lauritsen, der ›Bohnentisch‹, eine Reminiszenz an den Nierentisch der 1950er-Jahre, modern in Ausführung und Farben. In einer Hinterhauswerkstatt wird er seit 2003 in unzähligen Varianten in Handarbeit produziert und in individuell ausgesuchten Farben verkauft – Versand auch international!

GANZ SCHÖN SCHARF

H. W. Larsen A/S 🅰 E 7

Keine Küche kommt ohne Messer aus. Hier könnte man welche kaufen, aber nicht irgendwelche Messer, sondern Hunderte, vielleicht Tausende – für jeden Schnitt das spezielle Werkzeug in allen erdenklichen Qualitäten. Auch wenn Kopenhagens Kochgurus etwas Scharfes brauchen, bekommen sie es bei Larsen in Kødbyen – ein Fachgeschäft der alten Schule.

Slagterboderne 15 (Kødbyen), 1716 Køb V, T 33 24 11 22, www.hwl.dk, Mo–Fr 7.30–17, Sa 8–16 Uhr

Vesterbrogade 137 (Hinterhaus), 1620 Køb V, T 24 24 73 62, www.boennebord.dk, Mo–Fr 10–17.30, Sa 10–14 Uhr

Jacobsen lässt grüßen
Nyt i bo 🅰 H 4

Das Edel-Möbelhaus im königlichen Viertel Frederiksstaden hat eine große Auswahl des aktuellen dänischen Möbeldesigns von den Klassikern aus der Mitte des 20. Jh. wie Arne Jacobsen, Hans Wegner oder Finn Juhl bis zu den neuen Stars des 21. Jh. wie Thomas Pedersen, Strand&Hvass oder GamFratesi. Das Geschäft liefert auch ins Ausland.

Store Kongensgade 88, 1264 Køb K, T 33 14 33 14, www.nytibo.dk, Mo–Fr 11–17.30, Sa 10–15 Uhr

MODE, ACCESSOIRES

Modeschnäppchen an langer Leine
Langelinie Outlets 🅰 J 2

Knapp ein Dutzend Läden im Fundament der Promenade, die sich am Langeliniekaj entlangzieht, verkaufen u. a. dänische Modemarken wie Noa Noa, Jackpot, InWear, Martinique, Cottonfield, Samsøe & Samsøe und Signal, aber auch internationale wie Quicksilver, Kappa oder Geographical Norway. Alles wird deutlich günstiger angeboten als eine Modesaison zuvor in der City.

Zum Glück ist dänische Mode meist leger und umspielend, da darf man mit den Edelpralinen von Anker Chokolade gern einmal sündigen.

Langeliniekaj, 2100 Køb Ø, www.langelinie-out let.dk, tgl. 10–18 Uhr

Legere Dan-Couture
munthe 🅿 Karte 2, G 5
Seit Ende 2003 bereichert Naja Munthe mit ihrem Concept Store die City. Die Vorzeigekreative dänischer Mode baute nach ihrem Examen 1994 an einer Designschule in der dänischen Provinz binnen weniger Jahre ein international tätiges Fashion-Imperium auf. Ihre meist gut betuchten Kundinnen kleidet sie lässig ein, gern mit Naturmaterialien.
Store Regnegade 2, 1107 Køb K, T 33 32 00 12, www.munthe.com, Mo–Fr/Sa 10–18/16 Uhr

Model kreativ
Stine Goya Store 🅿 Karte 2, G 5
Stine – Markenzeichen rote Haare – war auf dem Weg Supermodel zu werden, dann entschied sie sich, Mode lieber zu entwerfen. 2006 präsentierte sie ihre erste Kollektion: feminin, skulpturell, farbenfroh mit markanten Drucken, gern auf Seide und anderen leichten Stoffen – das kommt weltweit gut an. Immer das Neuste hat ihr Brandshop nahe Kongens Have.
Gothersgade 58, 1123 Køb K, stinegoya.com, T 32 17 10 00, Mo–Fr/Sa 11–18/16 Uhr

Farborgie in den Schlachthöfen
Colours of Copenhagen – maxjenny! 🅿 E 7
Maxjenny Forlund, Style-Lady aus Schweden, ist mitten im trendigen Københavns Kødbyen umgeben von Restaurants und Clubs als Modeshop ziemlich allein auf weiter Flur. Sie hat ihr Label ›maxjenny!‹ zur Marke gemacht für Frauen, die es knallig bunt, urban, auffällig mögen.
Høkerboderne 17, 1712 Køb, maxjenny.com, Mo–Fr 11–17.30, Sa 12–15 Uhr

LIEBLINGSSTRASSEN

Petit Paris
Værnedamsvej 🅰 D 6
Die Gasse auf der Grenze zwischen Kopenhagen und Frederiksberg zeigt Pariser Flair: im **Tout Petit** (Nr. 17) kreiert und näht die Französin Sofie Stub nostalgische Kindermode und Kuscheltiere für die Kleinsten. Nebenan pflegt das **Café Viggo** (Nr. 15, T 33 31 18 21, cafeviggo.com, Mo–Fr/Sa ab 10/11 bis mindestens 24 Uhr) – Viggo ist der dänische Name der Comicfigur Gaston – französische Küche. Natürlich gibt es auch Mode für Männer wie Frauen, u. a. bei **Samsøe&Samsøe** (Nr. 12), aber es dominieren Delikatessen: **Juul's Vin & Spiritus** (Nr. 15, juuls.dk) hat über 90 Jahre Erfahrung und die ganze Vielfalt eines weltstädtischen Weinhandels, sowie edle Spirituosen, darunter über 600 Single Malts und Ökoschnäpse von Spirit of Hven mit Gin, Whisky, Akvavit und Vodka, die nahe Kopenhagen auf einer Insel im Øresund gebrannt werden. Auf Leckereien aus Frankreich setzt **Le Gourmand** (3A, www. legourmand.dk), Brötchen, Küchlein, Snacks und Sandwiches gibt's im Hinterhofparadies von **Laura's Bakery** (Nr. 4A, www.laurasbakery.com), ab Mittag herrlich belegte Brötchen auch im Käseladen von **Helges Ost** (Nr. 9, www.helgesost.dk) – eine Straße der Genüsse!

Schriller als die Innenstadt
Istedgade 🅰 D/E 7
Lange ein Synonym für Fixernadeln, Pornoshops und Rotlichtbars steht die Istedgade heute eher für Nähnadeln, Design und Szenecafés – aus verrufen wird trendy. Nur ›frühe Vögel‹ haben schlechte Karten: Wenige Boutiquen öffnen vor 11 Uhr. Oft wechseln Läden Namen, Stil und Konzept – hier eine Momentaufnahme vom letzten Bummel: **Hornecker** (Nr. 43 A, www. hornecker.biz) bringt Charakter an

die Füße der Frauen von Sandale bis Stiefel. **Donn Ya Doll** (Nr. 55, don nyadoll.dk) ändert gern den Stil, wird mit seiner Mode und seinen Schuhen aber immer gemäßigter. Von Kleinmöbeln bis Klamotten schwelgen in Retro-Wellen aus dem 20. Jh. **Funky Junky** (Nr. 84, www.facebook.com/ funkyjunkycopenhagen), **Rockahula** (Nr. 91, www.rockahula.dk), **Girlie Hurly** (Nr. 99, www.girliehurly.dk) und **Boutique Rude** (Nr. 112, www. rude.dk)! An Stärkung zwischendurch herrscht kein Mangel: **Neighbourhood** (Nr. 27, www.neighbourhood. dk, Mo–Fr ab 17, Sa/So ab 10 min. bis 22 Uhr Küche) serviert Pizzen, Salate und Brunch alles in ›bio‹ und **Bang&Jensen** (Nr. 130) hat ab 8 Uhr bzw. am Wochenende ab 10 Uhr Frühstück, Snacks und immer ein gutes Bier.

Fashion-Gasse im Zentrum
Kronprinsensgade 🅰 G 5
Hier trifft Junges auf Elegantes. Schmuck gibt's beim königlichen Hofjuwelier **P Hertz** (Ecke Købmagergade, www.phertz.dk). Die schwedische Marke **WHYRED** (Nr. 8, www.whyred. com) punktet mit urbaner Mode, während **Notabene** (Nr. 10, www. notabene.dk) Frauen edles Schuhwerk verpasst und **stig p** (Nr. 14, www. stigp.net) mit eigenen und fremden Labeln breit aufgestellt ist – Mode, Schuhe, Accessoires. **Ilse Jacobsen Hornbæk** (www.ilsejacobsen. com) hofft auf Regentage, dann ist ihre Funktionskleidung für die bessere Gesellschaft gefragt, inklusive der Gummistiefel, die sie fashion-fähig gemacht hat. Der Shop in der anderen Hälfte von Nr. 11 passt nicht ganz in diese Modewelt, denn wer hier zu viel kauft, passt bald nicht mehr hinein: **Summerbird Chocolaterie** bietet edelste Dickmacher aus Schokolade.

ZUM SELBST ENTDECKEN

Will in keine Schublade – das Nachtleben

Im **Zentrum** landet jeder, der sich nicht auskennt, am **Nyhavn** – die Gäste sind dort international. In **Snarens Kvarter** kommt die Dreifaltigkeit der Livemusik zu Ehren: Blues, Jazz und Rock, während ein junges, lautes Publikum Richtung **Vestergade** und **Kattesundet** (🗺 F 5/6) strömt und je später der Abend, desto schwuler wird das **Latinerkvarter.**

In den **Brückenvierteln** bleibt man gern, wo man am Abend gegessen hat, in Nørrebro um den **Skt. Hans Torv** oder an **Jægersborg-** und **Stefansgade,** in der Hipster-Hochburg Vesterbro um **Vesterbrotorv** sowie in **Kødbyen,** wo Tanzclubs Tür an Tür mit den Restaurants liegen.

Bakken oder **Tivoli** mit Revuen und Romantik sind immer eine Option zum Ausgehen, bei den Einheimischen ebenso wie bei ihren Gästen.

Restaurants, in denen nachts getanzt wird, eine Weinbar, die Kopenhagens bestes Bier zapft, kaum ein ›spillested‹ mit Livebühne, in dem nicht auch DJs auflegen, und Cafés, in denen alles gern getrunken wird außer Kaffee – die Grenzen sind fließend, das Angebot der Nacht breit und vielfältig. Kopenhagener Lebensart bewahrt gern auch Traditionelles und so zitieren Kneipen und Cafés praktisch jede Dekade des 20. und 21. Jh.

Open-Air-Konzerte in Parks, auf Plätzen oder an Stränden wie im Amager Strandpark gehören zum Sommer. Völlig ins Swingen gerät die Stadt beim Jazzfestival Anfang Juli.

Und was trinkt man? Bier – dänisch *øl* und wie das Schmiermittel gesprochen – ist Alltagsgetränk, aber statt früher dominierender Flaschenbiere läuft zunehmend Fassbier – *fadøl* – durch die Kehlen, gern Craft-Bier kleiner Brauereien aus dem In- wie Ausland. Sie sind so angesagt, dass der einheimische Biergigant Carlsberg kräftig schlucken musste und jetzt aus seiner ›Husbryggeriet Jacobsen‹ selbst ständig neue Designerbiere auf den Markt wirft. Auch Cocktails sind angesagt und zum Essen wird immer mehr Wein getrunken. Billig ist Alkoholisches in Kneipen und Bars aber selten, allenfalls zur Happy-Hour. Zum Glück hat der Hype um das heimisch Produzierte aber auch eine spannende Vielfalt an nicht alkoholischen Säften und Softdrinks hervorgebracht.

Das Festival im Sommer trägt viel zum Ruf Kopenhagens als Jazzhochburg bei.

OLD-SCHOOL-KNEIPEN

Schreibertreff
Bo-Bi Bar ⚙ Karte 2, G 5
2017 feiert die zeitlose Kneipe mit ihren karierten Tischdecken, roten Lampen und langem Tresen ihr 100-Jähriges! Die Institution ist Treff von Cityangestellten, insbesondere Autoren, Redakteuren und Journalisten der umliegenden Verlage. Zwei Regeln sind ungewohnt im 21. Jh.: Rauchen darf man drinnen, mobil telefonieren hingegen nur vor der Tür!
Klareboderne 14, 1115 Køb K, T 33 12 55 43, Mo–Sa/So 12/14–2 Uhr

Little Britain
Charlie's Bar ⚙ Karte 2, G 5
Der English Pub mit einer Batterie von Zapfhähnen – gut zwei Dutzend – wurde als bisher einzige Kopenhagener Kneipe mit dem ›Cask Marque‹ ausgezeichnet. Das ist für einen Pub etwa das, was drei Michelin-Sterne für ein Restaurant sind.
Pilestræde 33, 1112 Køb K, T 51 21 22 89, So/Mo/Di 14–22/24/01, Mi/Do–Sa 12–1/2 Uhr

Bier für Geduldige
Vinstue 90 ⚙ D 6
Der Wein im Namen ist wohl ein Fake: *vedskænket fadøl*, wohlgezapftes Fassbier, ist die wahre Berufung dieser Kneipe, die Betonung liegt auf ›zapfen‹. Das Gedeck der Stammkunden: ein großes Bier vom Fass – ca. 15 Minuten Zapfzeit – und eine Flasche Bier für die Zeit, bis es fertig ist. Skål!
Gammel Kongevej 90, 1850 Frederiksberg C, T 33 31 84 90, www.vinstue90.dk, So–Mi/Do–Sa 11–1/2 Uhr

Aus den Boxen grüßt Metallica
Escobar ⚙ E 4
Die Rock-Bar ist authentisches Nørrebro von seiner ›dunkelsten‹ Seite (und in Jesper Steins Kopenhagen-Krimis auch mal Schauplatz düsterer Drogengeschäfte, ▶ S. 55). Aber wer Heavy bis Death Metal mag, fühlt sich hier zu Hause.
Blågårdsgade 2 A, 2200 Køb N, T 36 72 66 66, So–Do 19–2, Fr, Sa 16–4 Uhr

NACH DER ARBEIT BIS IN DIE NACHT: BARS

Feierabendwein
Ved Stranden 10 ⚙ Karte 2, G 5
Wein erobert das Bierland Dänemark, auch zum After-Work-Drink. Am Rande des kleinen Kopenhagener ›Finanzdistrikts‹ hält die Weinbar mit edlem Wohnzimmerambiente eine exquisite Auswahl meist europäischer Weine bereit, dazu gibt es kleine Gerichte. Kult ist das *mandagsmad*, das Montagsessen, ein Überraschungsmenü, das oft Gastköche zubereiten (100 DKK, ab 18 Uhr) und mittwochs um 17 Uhr gibt's Weinproben des angeschlossenen Weinhandels.
Ved Stranden 10, 1061 Køb K, T 35 42 40 40, www.vedstranden10.dk, Mo–Sa 12–22 Uhr

Etwas ›Malle‹ am Hafen
Halvandet ⚙ K 2
Strandparty-Location mit Bars, Liegestühlen, Kuschel-Séparées, Grillfood und Aktion wie Bungy Jumping, Beachvolleyball, Sandfußball, Petanque, Flyboarding – à la James Bond über dem Wasser schweben – und und und… Manco: Private Feste und Firmenevents nehmen oft viel Platz ein.
Refshalevej 325, 1432 Køb K, T 70 27 02 96, www.halvandet.dk, ca. Ostern–Okt., häufig wechselnde Öffnungszeiten, immer tagesaktuell mit Programm auf www.facebook.com/halvandet. Havnebus oder Stadtbus 9A bis Refshaleøen

Cocktails auf den Punkt
1105 ⚙ Karte 2, G 5
Werden beste Bars der Welt aufgelistet, ist 1105 meist dabei. Mix-Guru Gromit Eduardsen kreierte hier einst den ›Copenhagen‹ (▶ S. 4). Inzwischen kamen drei Bars dazu, alle schlicht nach ihrer Postleitzahl benannt, zuletzt in 1408 Christianshavn die Kooperation mit dem Sternerestaurant **Kadeau** (▶ S. 94) nebenan, das den Bartendern sogar die Barsnacks liefert.
Kristen Bernikows Gade 4, 1105 Køb K, T 33 93 11 05, www.1105.dk, Mi–Do/Fr/Sa 19/16/20–2

Wenn die Nacht beginnt

Uhr; Wildersgade 10 A, 1408 Køb K, www.face
book.com/1408cocktailbar, Di–Fr min. 17–1,
Sa 15–2 Uhr

Neue Cocktails, alte Whiskys
Lidkoeb ☀ D 6
Früher wurden in diesem denkmalgeschützten Hinterhofgebäude Arzneimit-
tel gemischt, heute sind es Cocktails,
Klassiker wie eigene Kreationen. Edle
Whiskys gibt's am Wochenende in
einer separaten Whisky Bar, rustikales
Ambiente trägt dabei dem historischen
Bau Rechnung. Ein idealer letzter Stopp,
falls man in einem der vielen Hotels in
diesem Teil der Stadt nächtigt.
Vesterbrogade 72B, 1620 Kbh V, T 33 11 20 10,
lidkoeb.dk, Mi–Sa/So–Di 16/20–2 Uhr, Cocktails
ab ca. 110 DKK

Trinkt hier das Folketing?
K Bar/Ruby ☀ Karte 2, G 5 und G 6
Es ist schon verwunderlich, dass zwei der
besten Kopenhagener Cocktailbars in der
Nachbarschaft des politischen Machtzen-
trums ›Borgen‹ liegen: Kirsten Neergaard
Holm mixt in ihrer kleinen, minimalistischen **K Bar**, exzellente Martini- und
Champagner-Cocktails, aber auch andere
Drinks, die man rühren oder schütteln
kann. Und die Champagner-Karte ist für
die kleine Bar auch imponierend. Betritt
man das **Ruby** in einem ehrwürdigen

Bürgerhaus aus dem 18. Jh., glaubt man
sich in einem herrschaftlichen Wohn-
zimmer. Hier werden Cocktail-Klassiker
gepflegt, aber auch gern Drinks nach
Jahreszeit gemixt – vielleicht wieder ein
Spiced Pumpkin zu Halloween?

K Bar: Ved Stranden 20, 1061 Køb K,
T 33 91 92 22, www.k-bar.dk, Mo–Do/Fr, Sa
16–1/2 Uhr
Ruby: Nybrogade 10, 1203 Køb K,
T 33 93 12 03, rby.dk, Mo–Sa 16–2, So 18–2
Uhr

KOPENHAGENS NEUES BIER

Mutter aller Mikrobrauereien
Nørrebro Bryghus ☀ E 3
Mikrobryggerier heißen Brauhäuser, die
im Angesicht der Braukessel Kult ums
Bier treiben. Das Brauhaus in Nørrebro
war Trendsetter und kreiert immer neue
Spezialitäten im Stil großer Biere aus
aller Welt. Pate standen schon deutsche
Schwarzbiere, britische Ales und Stouts,
belgische Klosterbiere oder böhmische
Pilsner. Rund zehn Sorten sind jeweils
›am Hahn‹. Zur rauschfreien Übersicht
gibt's 0,1-l-Probegläschen. Mehr für
den Durst bieten drei- bis fünfglasige
Biermenüs, die auch passend zu allen
kulinarischen Menüs – gern mit Bier gekocht – im Restaurant gereicht werden.

*Internationale Klassiker stehen auf der Cocktailkarte des Lidkoeb genauso wie
Erfindungen des Hauses. Der vegane Alkoholfreund wird ebenso fündig wie der
honorige Whiskytrinker – ein Skål der feinen Art.*

KINOSTADT KOPENHAGEN

Von Multiplex bis Luxus-Arthouse: Im Großraum der alten Filmmetropole Kopenhagen gibt es 31 Kinos, 15 davon im Zentrum. Das Premierenkino **Imperial** hat mit mehr als 1000 Plätzen den größten Saal in Skandinavien. Viele Retrospektiven und Themenreihen zeigt die **Cinematek** des Dansk Filminstitut im Viertel der Parkmuseen (▶ S. 68). Internationale Filme laufen fast immer unsynchronisiert mit Untertiteln und oft sogar früher als in den deutschsprachigen Ländern an. Kinopreise ca. 85–120 DKK.

Die Arthouse-Kinos:
Dagmar ☼ (Karte 2, E/F 6) zeigt europäische und amerikanische Filme am Rande des Mainstream. Tradition verpflichtet: Carl Th. Dreyer, von den

1920ern bis in die 1960er einer der bedeutendsten europäischen Regisseure, arbeitete hier viele Jahre als künstlerischer Leiter.
Jernbanegade 2, 1608 Køb V, T 33 14 32 22, www.dagmar.dk

Empire ☼ (D 3) ist berühmt für seine komfortable Ausstattung.
Guldbergsgade 29 F, 2200 Køb N, T 35 36 00 36, www.empirebio.dk

Grand ☼ (Karte 2, F6) zeigt vorrangig europäische Filme, die guten oft monatelang.
Mikkel Bryggersgade 8, 1460 Køb K, Tel. 33 15 16 11, www.grandteatret.dk

Vester Vov Vov ☼ (D 7) ist das kleinste Kino mit ambitioniertem Programm.
Absalonsgade 5, 1658 Køb V, T 33 24 42 00, www.vestervovvov.dk

Ryesgade 3, 2200 Køb N, T 35 30 05 30, www.noerrebrobryghus.dk, Mo–Do/Fr, Sa/So 12–23/1/22 Uhr, für's Essen reservieren!

Erfolgsstory made in Denmark
Mikkeller Bar ☼ E 7
2006 gründeten MIKkel Borg Bjergsø und Kristian Klarup KELLER eine sogenannte Phantom-Brauerei. Sie brauten nie selbst, sondern ließen Mikrobrauereien nach ihren Ideen Bierspezialitäten herstellen, in kreativen Jahren schon mal über 100 Sorten, manche aber nur einmal. 2010 öffnete die erste Mikkeller Bar, die neben eigenen Sorten auch andere Craft-Biere anbot und in der Regel 20 verschiedene Biere ›am Hahn‹ hat mit oft schrillen Geschmacksnoten. Bald folgten weitere Bars, Kneipen und Biergärten: Ende 2018 gab es über 40 höchst individuelle Mikkeller ›Locations‹ zwischen San Francisco und Tokio, 16 in Kopenhagen wie Mikkeller & Friends (▶ S. 56) Mikkeller Baghaven auf Refshaleøen (▶ S. 49) und Warpigs Brewpub (s. rechts).
Viktoriagade 8, 1655 Køb V, T 33 31 04 15, mikkeller.dk, tgl. min. 13–1 Uhr

Männerding
Warpigs Brewpub ☼ E 7
Der männlichen Hipster liebster Laden in Kødbyen, rustikal mit viel Fleisch gleich an der Essensausgabe aufs Tablett gehauen, dazu ein Bier und noch ein Bier und noch ein Bier und der Abend ist gerettet!
Flæsketorvet 25–37, 1711 Køb V, T 43 48 48 48, warpigs.dk, Mo–Do/Fr–Sa/So 11–24/2/23 Uhr

LIVEMUSIK

Uralt, urig, jazzig
Hvide Lam ☼ Karte 2, F 5
Die Kellerkneipe hat schon Kopenhagens Bombardierung durch die Engländer 1807 überlebt und viel wurde seitdem nicht verändert. Fast jeden Abend Livemusik, oft hinreißende Sessions älterer Herren, deren Finger jazzen.
Kultorvet 5, 1175 Køb K, T 33 32 07 38, tgl. min. 10–24, Fr/Sa bis 2 Uhr

Dinner und Jazz
Jazzhus Montmartre ☼ Karte 2, G 5
Das Montmartre begründete Kopen-

Wenn die Nacht beginnt

hagens Ruf als Jazzmetropole, galt nach seiner Gründung 1961 lange als bester Jazzclub der westlichen Welt. Hier traten Legenden wie Miles Davis, David Sanborn, Herbie Hancock und Chick Corea auf. Stammmusiker wurden Exilamerikaner, die das liberale Dänemark ihrer Heimat vorzogen, wie Dexter Gordon, Stan Getz und Ben Webster, der in Kopenhagen auf dem Assistens Kierkegaard begraben ist. Die Ära des ersten Montmartre endete in den 1990ern, aber 2010 entstand es am ursprünglichen Standort neu. Es bietet 70–80 Besuchern Platz – bei einem Weltklasseprogramm. Zum Konzept ›Wine, Dine & Jazz‹ gehören sowohl musikalische wie kulinarische Erlebnisse und so kann man vor dem Konzert ein Menü genießen (spätestens 18 Uhr, Musik ca. ab 20 Uhr).

Store Regnegade 19A, www.jazzhusmontmartre.dk, Tickets an der Abendkasse oder über Billetten (▶ S. 111)

Clubbing- und Konzerttempel
Vega – Musikkens Hus ☼ C 7
Als Kopenhagen 1996 europäische Kulturhauptstadt war, entstand das Vega im denkmalgeschützten Ex-Gewerkschaftshaus ›Folkets Hus‹ (dt. Haus des Volkes) aus den 1950ern. Auf den Bühnen der beiden Konzertsäle **Store Vega** und **Lille Vega** standen schon Weltstars wie Björk,

David Bowie und Robbie Williams – ein Blick ins Konzertprogramm lohnt immer! Die intime **Ideal Bar** macht ihr eigenes Ding von Poetry Slam-Events über kleine Unplugged-Konzerte bis zu düsteren Underground-Nights mit bekannten DJs.

Enghavevej 40, 1674 Køb V, T 33 25 70 11, Programm: www.vega.dk, VEGA Klub Fr, Sa 23–5 Uhr in der Ideal Bar

TANZEN

Steakhouse zum Tanzen
Restaurant Barcelona ☼ E 3
Das multifunktionale ›Barcelona‹ war Pionier einer Kiezkultur in Nørrebro und hat sich mehrfach neu erfunden. Aktuell serviert das Steakhouse im 1. Stock (Di–Sa ab 17.30 Uhr, Hauptgerichte um 200 DKK) viel Fleisch, aber auch Fisch vom Grill. Nach dem Essen könnte man auf einen Drink oder einen Kaffee in die Cocktailbar wechseln und am Wochenende im Nachtclub bis zum frühen Morgen bei aktuellen Hits, Party-Pop und kleinen Dosen R'n'B abtanzen. In der Lounge im 1. Stock gibt's derweil Chill-out-Music, die auch noch ein Gespräch zulässt (DJ Fr, Sa ca. 23–5 Uhr, min. 23 Jahre).

Fælledvej 21, 2200 Køb N, T 35 35 76 11, restaurantbarcelona.dk

KULTURSTADT KOPENHAGEN

Die Kopenhagener Sprechtheater – egal ob königlich oder Boulevard – wie die Musicalbühnen haben für ausländische Besucher in der Regel eine Barriere, die Sprache. Das gilt natürlich nicht für die **Oper**, das Königliche Ballett und die freie Tanztheater-Szene, für die Kopenhagen berühmt ist: **DANSEhallerne** (www.dansehallerne.dk), die Institution der Szene, hat zwar aktuell keine eigene Spielstätte, koordiniert aber überall in der Stadt Tanztheater-Events – die Website zeigt tagesaktuell wann und wo.

Während die meisten Theater im Sommer Spielpause haben, füllen gern **Kulturfestivals** (▶ s. Umschlagklappe) die Lücke. Ein Theater sollte man nicht vergessen, das im Sommer spielt und sich an die kleinsten Kopenhagen-Besucher wendet: Das **Marionet Teatret** (☼ Karte 2, G 4 Kronprinsessegade 21, www.marionetteatret.dk, Juni– Aug. Di–So 14 und 15 Uhr, Vorstellung dauert ca. 30 Min.) im Kongens Have lässt seit 1966 Kinderaugen leuchten – die Aufführungen sind nonverbal oder in globaler Kindersprache und gratis.

Ob die zwei, die hier gerade im Rust abtanzen, je vom Namensgeber des Clubs, Mathias Rust gehört haben, dem selbst ernannten Friedensflieger, der 1987 eine kleine Cessna von Hamburg via Reykjavík und Helsinki bis zum Roten Platz flog?

Trends setzen, nicht folgen
Rust ☼ E 3

Clubbing mit wechselnden Themen. Den Namen für diesen ›subkulturellen Palast‹ gab der Kreml-Wirrflieger Matthias Rust, doch wer erinnert sich noch an den? Aber so ahnt man, wie lange sich das Rust schon in der Szene hält. Dafür muss es sich immer wieder neu erfinden, setzt dabei lieber Trends, als ihnen nachzuhecheln. Über drei Etagen mehrere Dancefloors und Lounges zum Abtanzen, Chillen oder Kuscheln.

Guldbergsgade 8, 2200 Køb N, T 35 24 52 00, www.rust.dk, Konzerte i. d. R. ab 20/21 Uhr, Eintritt 30–150 DKK, NatClub Fr, Sa 23–5 Uhr, Eintritt ab 60 DKK

Fleisch in Wallung
Jolene Bar/Bakken i Kødbyen/ Noaa ☼ E 7

Man kann im Schlachthofviertel Kødbyen nicht nur Kalorien einlagern, man kann sie auch abtanzen: in drei Klubs, der **Jolene Bar** mit internationalen DJs und vielen Release-Partys, dem vielseitigen **Bakken i Kødbyen,** der auch Galerie ist und gern mal eine Band live auf die Bühne stellt, und dem langen, schmalen **Noaa,** dem größten der drei.

Jolene Bar: Flæsketorvet 81-85, www. facebook.com/JoleneBar, Do, So 20–3, Fr/Sa 19–4 Uhr

Bakken i Kødbyen: Flæsketorvet 19-21, www.facebook.com/Bakkenikoedbyen, Do–Sa 22/20–5 Uhr

Noaa: Kødboderne 2, www.facebook.com/ noaacph, Fr/Sa 23–4 Uhr

Las Vegas grüßt
Wallmans Cirkusbygningen
☼ Karte 2, E 6

Der altgediente Circus-Kuppelbau – 2016 wurde er 130 Jahre alt – erlebt mehrmals pro Woche Dinnershows im Las-Vegas-Stil mit großer Show auf der Bühne, 4-Gänge-Menü auf dem Teller und anschließend Tanzen im Nachtclub – Zielgruppe sind eher lebenslustige Empty-Nester als deren Brut.

Jernbanegade 8, 1608 Køb V, T 33 16 37 00, www. wallmans.dk, Mi–Sa, in ausgewählten Wochen auch Di ab 18.30 Uhr, nach der Show ab 23 Uhr Nachtclub (ab 25 J.). Show u. Dinner je nach Wochentag und Kategorie ca. 650–1600 DKK/Pers.

Hin & weg

ANKUNFT

Kopenhagen ist noch nah genug für **Auto, Bahn oder Fernbus,** aber auch weit genug für einen kurzen **Flug** und den Hafen laufen jedes Jahr über 350 **Kreuzfahrtschiffe** an.

Der Flughafen **København Kastrup:** (🗺 Karte 3, B 4, CPH, www.cph.dk) liegt gut 10 km südöstlich des Zentrums am Øresund, direkt neben der Autobahnzufahrt auf die Øresundbrücke Richtung Schweden. Mit ÖPNV-Tickets (3 Zonen, 36 DKK) kommt man rund um die Uhr mit der **Metro** (15 Min., 4–12 x stdl.), **Bussen** (30 Min., 1–6 x stdl.) oder **Regionalzügen** (15 Min., 1–4 x stdl.) ins Zentrum. Taxis brauchen 20–30 Min. (ca. 270–300 DKK). Der **Hauptbahnhof** (🗺 E/F 6/7) mit Übergang auf Busse, S-Bahn und Metro (ab Mitte 2019) liegt zentral neben dem Tivoli. Internationale Fernbusse halten im Umfeld.

Kreuzfahrtschiffe nutzen vier Anleger: Vom **Langeliniekaj** (🗺 J 1/2) ist es ein halbstündiger Spaziergang über die Hafenpromenade an der kleinen Meerjungfrau vorbei zum Nyhavn (▶ S. 43) und weiter in die Innenstadt. **Nordre Toldbod** (🗺 J 4) nur von kleineren Schiffen genutzt, liegt noch näher zum Zentrum. **Frihavnen** und **Oceankaj** (🗺 beide außerhalb H 1) in der Hafeneinfahrt sind mit Shuttlebussen sowie Stadtbus 27 ans Zentrum angebunden, eine Taxifahrt kostet je nach Anleger 120–210 DKK.

WOHIN MIT DEM AUTO?

Parkraum ist knapp, parken teuer, auch auf Hotel-Parkplätzen. In **Kopenhagen** zahlt man an der Straße von 8–18 Uhr pro Stunde je nach **Parkzone** (gelb, blau, grün, rot) 9–36 DKK, von 18–23 Uhr 9–14 DKK und von 23–8 Uhr 2–5 DKK – maximal 475 DKK/Tag! Der Stundenpreis ist in Parkhäusern in der Regel teurer, der Tagespreis günstiger. Kostenlos parkt man Sa 17 bis Mo 8 Uhr sowie außerhalb der farbigen Zonen (🗺 Karte 4), Dort gelten aber, um ›wildes Park & Ride‹ in Wohngebieten zu unterbinden, für immer mehr Bereiche Beschränkungen der Parkdauer auf maximal 3 Std. (Parkscheibe!).

In **Frederiksberg** ist Mo–Fr 7–24, Sa 7–17 Uhr 2 Std. Parken mit Parkscheibe gratis, danach kostenpflichtig, wobei der Stundenpreis mit der Parkdauer steigt von 11 DKK/1 Std. bis 69 DKK/4 Std. darüber hinaus kostet der ganze Tag dann aber nur 75 DKK (Stand Dez. 2018). Bezahlt wird in beiden Städten an Automaten mit Eingabe der Autonummer (kein Parkschein!) oder mit App – verbreitet ist die von Easy Park (Registrierung auch in Deutschland, Österreich und der Schweiz möglich). In Frederiksberg kann man zudem in vielen Kiosken zahlen. Tipps zum Dauerparken ▶ S. 86.

Knöllchen im öffentlichen Raum schlagen mit 510–1020 DKK (70–140 €) zu Buche. Typische Touristenfalle ist

---

ALLES AUF EINE KARTE: DIE COPENHAGEN CARD

Die Karte gewährt freie Fahrt mit Metro, Stadtbus, Havnebus, S-Bahn und Regionalbahn sowie freien Eintritt zu rund 90 Museen und Attraktionen im Großraum Kopenhagen, sowie Rabatt auf Bus- und Bootstouren und in einigen Lokalen. Man bekommt sie in i-Büros, Hotels oder auf www.copen hagencard.de, dort gibt es einen

›Ersparnisrechner‹ (24/48/72/120 Std. für Erw. inkl. 2 Kinder unter 10 Jahren 399/569/689/889 DKK/54–121 €, 10–15-Jährige 199/289/349/449 DKK/27–61 €). **Denken Sie aber daran:** Einige Museen haben ›Gratistage‹ und viele sind für Besucher unter 18 Jahren umsonst! Reine Zeitkarten für den ÖPNV ▶ S. 112

das Park- und Halteverbot 10 m vor und hinter Kreuzungen und Einmündungen sowie 5 m vor Abfahrten von Fahrradwegen. Gesetzlich abgesichert sind Knöllchen bis ca. 800 DKK (ca. 110 €) auf privaten Flächen (Schilder mit weißem P auf schwarzem Grund) – da kann schon eine vergessene Parkscheibe auf einem Supermarkt-Parkplatz teuer werden.

INFORMATIONEN

Copenhagen Visitor Service: 🕮 E 6, Vesterbrogade 4A, www.visitcopenhagen.de, Juli/Aug. Mo–Fr 9–20/18., Mai, Juni, Sept. 9–18/16, sonst 9–16/14 Uhr; T 70 22 24 42 nur Mo–Fr 10–16 Uhr

Kopenhagen im Netz:
www.kk.dk: das Portal des offiziellen Kopenhagen, wichtig für Parken (engl.: international.kk.dk/transport) und schnelles Heiraten ohne viele Formalitäten (international.kk.dk/marriedincph).

REISEN MIT HANDICAP

Der dänische Behindertenverband vergibt ein Qualitätslogo für barrierefreie Zugänge an touristische Unternehmen. www.godadgang.dk informiert auch auf Deutsch über Kriterien und Einrichtungen.

KØB MIT KIDS

Anspruchsvolle, kreative Kinderabteilungen bieten das Nationalmuseum (▸ S. 65), Statens Museum for Kunst (▸ S. 67) und das Louisiana (▸ S. 71). Klassische Familienziele sind Bakken (▸ S. 39), Den Blå Planet (▸ S. 63), Tivoli (▸ S. 36) und der Zoo (▸ S. 59). Speziell an Kinder wenden sich Experimentarium (▸ S. 78) und Marionet Teatret i Kongens Have (▸ S. 108). Beste citynahe Spielplätze liegen im Kongens Have (▸ S. 70), ältere Kids werden auch die Strand- und Hafenbäder (▸ S. 5)

mögen. Und dann gibt's noch vier Pseudomuseen, darunter das »Guinness World of Records Museum« und »Ripley's Believe it or not Museum« mit hohem Fun- und niedrigem Bildungsfaktor, die mit Wachs, Plastik und Lichteffekten Absonderliches visualisieren – alle auf www.ripleys.com/copenhagen.

TICKETS VON SPORT BIS KONZERT

www.ticketmaster.dk: T 70 15 65 65, oder **www.billetten.dk:** T 70 20 20 96. Agentur für beide mit Verkauf-/ Abhol-Option ist **Tivolis Billetcenter** (🕮 Karte 2, E 6, Vesterbrogade 3).

Det Kongelige Teater mit Gamle Scene, Schauspielhaus und Oper: online www.kglteater.dk, T 33 69 69 69 (Kreditkarte), Resttickets 2 Std. vor Aufführung in den Häusern.
Freie Theater: 🕮 Karte 2, F 4, Frederiksborggade 15/2, 1360 Køb K, T 70 27 22 72, www.teaterbilletter.dk, Mo–Fr 12–18 Uhr

SICHERHEIT UND NOTFÄLLE

Kopenhagen ist eine relativ sichere Stadt, aber nicht kriminalitätsfrei: ›*Tøm bilen, for tyven gør det*‹ steht an vielen Parkplätze: ›Leere dein Auto, bevor der Dieb es tut.‹

Notruf alle Dienste: 112
Pannenhilfe: u. a. Falck T 7010 20 30 (Achtung: Der dänische Automobilclub FDM hat keinen Pannendienst!)
Sperrung Bank- & Kreditkarten: T + 49 116 116, nur für Deutsche, Details: www.sperr-notruf.de
Medizinische Notfälle: außerhalb normaler Sprechzeiten T 18 13 für ärztlichen (Læge-) und zahnärztlichen Notdienst (Tandlægevagten, 🕮 G 3, Praxis Oslo Plads 14, 2100 Køb Ø, Sa-So 10–12, tgl. 20–21.30 Uhr)
24-Std.-Apotheke: Steno Apotek 🕮 Karte 2 E 6, Vesterbrogade 6C, 1620 Køb. V, T 33 14 82 66

Diplomatische Vertretungen
Deutsche Botschaft: T 35 45 99 00,
außerhalb Dienstzeiten: T 40 17 24 90,
www.kopenhagen.diplo.de
Österreichische Botschaft:
T 39 29 41 41, außerhalb Dienstzeiten:
T 21 72 79 41, www.bmeia.gv.at/
oeb-kopenhagen
Schweizer Botschaft: konsularische
Notfälle Konsularcenter Stockholm:
T + 46 8 676 79 00, www.eda.admin.ch/
copenhagen; 24-Std.-Helpline Schweiz:
T + 41 800 24 73 65

DIGITAL GESCHRIEBEN, ANALOG GELESEN

Wer aus Dänemark Postkarten
verschickt, zahlt allein fürs Porto 27
Kronen, umgerechnet etwa 3.70
€, und da kommt die Karte noch
dazu. Günstiger sind Postkarten von
MyPostcard, die man am Laptop oder
per MyPostcard App am Smartphone
oder Tablet schreibt, die aber mit normaler Post den Empfänger erreichen.
Man kann eigene Bilder hochladen
oder nutzt Kopenhagen-Motive, die
Hans Klüche, Autor dieses Buches,
auf www.mypostcard.com/designs/
Hans_Klueche oder über die Motiv-
suche [Kopenhagen] in der App zur
Verfügung stellt (ab 1,99 €).

UMWELTFREUNDLICHES KØB

Kopenhagen will 2025 erste CO_2-neut-
rale Metropole der Welt sein. Dafür wird
der Kollektivverkehr optimiert, das Rad-
wegenetz ausgebaut – Kopenhagener
nutzen schon heute für ca. zwei Drittel
aller Fahrten zu Arbeit und Ausbildung
das Fahrrad, nur für 10 % das Auto –
und die Elektromobilität gefördert. Viele
Hotels tragen ein »Green Key«-Siegel
für nachhaltiges Wirtschaften und die in
Kopenhagen geborene Neue Nordische
Küche setzt auf regionale und ökologisch produzierte Rohwaren.

Unterwegs mit ÖPNV:
Ein umfassender **Tarifverbund** für
den Großraum Kopenhagen schließt
Bus, Havnebus (Hafenfähren), **Metro,
S-Bahn, Regionalzug** bis Roskilde und
Kystbanen auf der Strecke Flughafen –
Stadtbahnhöfe – Øresundküste ein.
4.30–0.30 Uhr gilt der Tagesfahrplan,
zu Spitzenzeiten werden wichtige Linien
fast im Minutentakt bedient, nachts
verkehren Metro, Kystbanen und Nacht-
busse 1–3 x stdl. Hafenfähren verkehren
Mo–Fr/Sa, So ca. 6.30/10–20.30 Uhr.

Touristenfreundliche **Tickets** sind der **Ci-
typass** (www.citypass.dk) für Stadtgebiet
inkl. Flughafen (24/48/72/120 Std. Erw.
80–300 DKK, bis 15 Jahre 40–150 DKK)
oder das **24timersbillet** (24-Std.-Ticket)
für den Großraum (150/75 DKK). Tickets
gibt's an Automaten in Bahn- und Met-
rostationen, in Kiosken oder als E-Mail/
SMS-Ticket auf: www.dinoffentligetrans
port.dk/service/for-tourists. Immer gilt:
Ein Erwachsener kann 2 Kinder unter 12
Jahren gratis mitnehmen, Schwarzfahren
kostet 750 DKK/Erw. (ca. 100 €).

Ich nehm das Rad:
www.ibikecph.dk und die entspre-
chende App ›I Bike CPH‹ bieten Rou-
tenplaner für die über 400 km Radwege
in Kopenhagen. Auf vielen Strecken
gibt's eine grüne Welle, dazu Aufpump-
stationen, Fußstützen vor Ampeln und
autofreie Brücken quer über den Hafen.
Mehrere **Stadträder-Systeme** konkurrieren, das ›offizielle‹ heißt ›**Bycyklen**‹,
bycyklen.dk, deren E-Bikes an über 100
Lade- und Leihstationen bereitstehen. Jedes ist mit vandalismusresistentem Tablet
ausgestattet, über das man die Ausleihe
abwickelt und das eine Navi-Funktion mit
touristischen Informationen verknüpft.
Die Hightech-Räder leiht man für A-nach-
B-Fahrten, gibt sie am Ziel zurück und
greift bei erneutem Bedarf zum nächsten.
Im ›Pay as You GO‹-Tarif kostet jede Miete
bis 1 Std. 30 DKK. Günstiger sind Pakete
mit 600 oder 1200 Min., die minutenge-
nau abgerechnet werden und zeitgleich
für bis zu 5 Rädern gelten – ideal für
Familien/Gruppen. Zwingend ist ein user

account mit hinterlegter Kreditkarte. Steht ein Rad länger, warnt eine E-Mail, dass die Kosten weiterlaufen! Per Smartphone kann man die Verfügbarkeit von Rädern stadtweit prüfen und eventuell reservieren.

Ein klassischer Fahrradverleih, liegt zentral am Nyhavn 44: **Copenhagen Bicycles** (📖 H 5, T 35 43 01 22, www. copenhagenbicycles.dk, April–Sept. 8.30, sonst 9.30–17.30 Uhr): Fahrräder ab 90 DKK/3 Std. oder 120 DKK/24 Std., E-Bikes ab 200/300 DKK. Touren mit Guide 2 Std. 100 DKK plus Radmiete.

SIGHTSEEING!

Klassisch zu Land und Wasser
Stromma: www.stromma.dk, Bus- (u. a. »Copenhagen Panorama«, 2 Std., 345 DKK) und Hafenrundfahrten (1 Std., 85 DKK; Kombi Bus/Boot 3 Std., 415 DKK). Ganzjährig Hop-on-Hop-off-Touren auf verschiedenen Routen mit saisonabhängig 20–30 Bus- und 6–10 Boot-Stopps (tgl. min. 9.30–16.30, im Sommer bis 18.30 Uhr, Band-Kommentar mehrsprachig; z. B. alle Hop-on-Hop-off-Busse und -Boote 48 Std. 250 DKK). Tickets gibt's u. a. an Stromma-Anlegern Nyhavn (📖 H 5) und Ved Stranden (📖 G 6) oder online.
Netto-Både: www.havnerundfart.dk, Low-Budget-Hafenrundfahrten 2–5 x stdl., 60 Min. mit Guide, 50/20 DKK oder Copenhagen Card ab Holmens Kirke (📖 G 6) und Nyhavn (📖 H 5).
Hej Captain: www.heycaptain.dk, T 61 68 45 70, Premium-Kanalrundfahrten mehrmals stdl. mit max. 12 Pers. ab Ofelia Plads (📖 H 5), individueller Kommentar (meist engl.), freie Drinks je nach Jahreszeit, ca. 60 Min./200 DKK
History Tours: T 28 49 44 35, www. historytours.dk. Historische Stadtrundgänge ab Absalon-Denkmal (📖 Karte 2, G 5, April–Sept. Sa 10 Uhr engl., häufiger dän., ca. 90 Min., 100 DKK).

Mit neuen Perspektiven
Rad-Sightseeing mit Szeneinformationen bietet **Bike Copenhagen with Mike**

Ein Bycykel-Radler liefert sich ein Rennen mit einem Havnebus, im Hintergrund die Oper.

(📖 Karte 2, F 5, T 26 39 56 88, tagsüber nur SMS!, www.bikecopenhagenwith mike.dk)
Wer sich als Skipper traut, kann ca. Mitte März bis Oktober mit langsamen aber extrem leisen E-Booten (ab 400 DKK/Std.), die für Picknick an Bord eingerichtet sind und keinen Bootsführerschein erfordern, durch Hafen und Kanäle kreuzen: **FriendShips** (📖 J 5, T 53 83 78 78, www.friendships.dk) und **GoBoat** (📖 G 7, T 40 26 10 25, www. goboat.dk).
Ungewohnt kommt man durch die Stadt mit **Segway Tours Copenhagen** (📖 Karte 2, F 6, Nikolaj Plads 34, T 22 35 62 86, www.segwaytourscph. com, 1–2 Std. ab 375 DKK) oder in Kajaks sowie auf SUP-Boards von **Kajakhotellet**, die ab ihrem Depot an der Kalvebod Bølge auch geführte Touren in die Kanäle von Christianshavn und zur Meerjungfrau anbieten (📖 G 7, Kalvebod Brygge 7, T 40 50 40 06, Verleih www.kajakhotellet.dk ab 195 DKK/Std., Touren www.kajakole.dk, 90–180 Min. ab 345 DKK).

O-Ton Kopenhagen

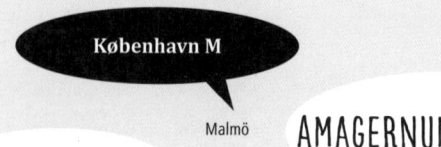

København M

Malmö

AMAGERNUMMERPLADE

davs

Tachchen, Hallo
ein legeres ›Guten Tag‹
(goddag) oder ›Guten Morgen‹
(godmorgen)

Amager-Nummernschild
*Lendentätowierung, vor allem an
Frauen aus den Stadtvierteln auf
Amager zu sehen*

tak

Danke

lun

lauwarm
Werden viele Zutaten des Frokost serviert

værsgo

BUNDESLIGAHÅR

Bundesligafrisur
*VoKuHiLa, frei nach
Rudi Völler*

Bitte!
*Wenn man etwas anreicht, nicht aber
im bestätigenden ›ja, bitte‹, da heißt
es ›ja tak‹.*

er den optaget?

farvel

Auf Wiedersehen!

Ist der besetzt?
*Z. B. der Stuhl. Da im Deutschen eher ›Ist der frei?‹
gefragt wird, sind Missverständnisse programmiert,
wenn mehr erahnt als verstanden wird.*

tak for sidst!

halvtreds, halvfjerds, halvfems

Danke für Letztens!
*Gehört zum Höflichkeitsritual
beim nächsten Treffen nach
einer Einladung*

50, 70, 90
*Zahlen, ursprünglich von halbdoppeldreißig, -vierzig,- fünfzig –
nervt alle, die Dänisch lernen*

Wir haben im Register die dänischen Sonderzeichen æ/Æ, ø/Ø und å/Å, die im dänischen Alphabet am Ende stehen, ins deutsche Alphabet integriert (æ wie ae, ø wie o und å wie aa). Beachten sie auch, dass å/Å im Dänischen synonym zum aa/Aa ist und im Alltag beide Schreibweisen auftauchen z.B. Blågård/Blaagaard.

Register

Register

Das Klima im Blick

Reisen bereichert und verbindet Menschen und Kulturen. Wer reist, erzeugt auch CO_2. Der Flugverkehr trägt mit bis zu 10 % zur globalen Erwärmung bei. Wer das Klima schützen will, sollte sich – wenn möglich – für eine schonendere Reiseform entscheiden oder die Projekte von atmosfair unterstützen. Flugpassagiere spenden einen kilometerabhängigen Beitrag für die von ihnen verursachten Emissionen und finanzieren damit Projekte in Entwicklungsländern, die dort den Ausstoß von Klimagasen verringern helfen (www.atmosfair.de). Auch die Mitarbeiter des DuMont Reiseverlags fliegen mit atmosfair!

Abbildungsnachweis

DuMont Bildarchiv, Ostfildern: S. 63 (GARP/Hänel)

Edel: Motion, Hamburg: S. 120/7

Fotolia, New York (USA): S. 120/8 (Rettenberger)

Getty Images, München: S. 8/9 (Dieterich); 120/3 (Hellestad); 57 (Negoda)

Ottmar Heinze, Hamburg: S. 32, 48

Huber-Images, Garmisch-Partenkirchen: S. 43 (Rellini)

iStock.com, Calgary (Kanada): S. 4 u. (Bogdanhoda); Titelbild, Faltplan (FotoVoyager)

Hans Klüche, Bielefeld: S. 5 o., 7, 12/13, 14/15, 21, 22, 24, 25, 27, 28, 29, 33, 36, 38, 45, 47, 49, 51, 52, 56, 60, 67, 68, 72, 75, 77, 78/79, 80, 86, 90, 92, 94, 95, 98, 100, 102, 113, 120/5

laif, Köln: S. 16/17, 55, 70 (Haenel); 53 (Nissen); 35 (robertharding/Runkel); 59 (Siemers); 44 (SZ Photo/Scherl)

Look, München: S. 39 (Selbach)

Mauritius Images, Mittenwald: S. 20 (Alamy/Deanpictures/Dean); 120/1 (Alamy/Hipix); 46, 109 (Alamy/Levy); 106 (Alamy/OJPhotos); 89 (Alamy/Paredes); 104 (Alamy/Quist); 120/6 (Alamy/Stamp Collection); 64, 97 (Alamy/Tack); Umschlagklappe hinten (Alamy /Touring the world in the 20s and 30s); 82 (Alamy/View Pictures Ltd./Wiper) 120/4 (Alamy/WS Collection); 85 (Bäck); 40 (Novarc/Stengert); 42 (robertharding/Levy); 71 (Widmann)

picture-alliance, Frankfurt a. M.: S. 120/2 (ZB/Winkler)

Wolfram Schwieder, Ostfildern: S. 4 o.

Wikimedia Commons: S. 120/9 (CC PD)

Zeichnungen Umschlagklappe vorn, S. 2, 11, 65: Gerald Konopik, Fürstenfeldbruck

Zeichnung S. 5: Antonia Selzer, Lörrach

Kartografie

DuMont Reisekartografie, Fürstenfeldbruck
© DuMont Reiseverlag, Ostfildern

Umschlagfotos

Titelbild: Nyhavn
Umschlagklappe hinten: Kopenhagen in den 1920er-Jahren

Hinweis: Autor und Verlag haben alle Informationen mit größtmöglicher Sorgfalt geprüft. Gleichwohl sind Fehler nicht vollständig auszuschließen. Alle Angaben erfolgen ohne Gewähr. Bitte schreiben Sie uns! Über Ihre Rückmeldung zum Buch und Verbesserungsvorschläge freuen sich Autor und Verlag:
DuMont Reiseverlag, Postfach 3151, 73751 Ostfildern,
info@dumontreise.de, www.dumontreise.de

FSC
www.fsc.org
MIX
Papier aus verantwortungsvollen Quellen
FSC® C124385

2., aktualisierte Auflage 2019
© DuMont Reiseverlag, Ostfildern
Alle Rechte vorbehalten
Autor: Hans Klüche
Redaktion/Lektorat: Doreen Reeck, Ulrike von Düring
Bildredaktion: Stefan L. Scholtz
Grafisches Konzept: Eggers+Diaper, Potsdam
Printed in China

Kennen Sie die?

Karen Blixen

Sie lief immer der großen Liebe nach, die Welt hatte daran Anteil, spätestens als ihr biografischer Roman zum Kino-Blockbuster »Jenseits von Afrika« wurde und Meryl Streep ihre Person verkörperte.

Egon Olsen

»Ich habe einen Plan« – der Kopf der Olsenbande war der größte Looser der Krimige-schichte und bekanntester Däne in der DDR. Im Osten Deutschlands hat seine Bande bis heute Fanclubs.

Kim Larsen

Als der ›Nationalbarde‹ 2018 starb, sangen 35 000 Kopenhagener bei einem Erinnerungskonzert auf dem Rathausplatz seine Hymnen mit wie die an die Liebe »Kvinde min jeg elsker dig«, oder »Midt om Natten«.

Søren Aabye Kierkegaard

Dänemarks größter Denker lag ewig im Clinch mit der Kirche und suchte das wahre Christentum. Kopenhagen verließ er selten, dort starb er mit 42 durch Schlaganfall auf der Straße.

Kleine Meerjungfrau copyrightkonform

2029, wenn ihr Erschaffer Edvard Eriksen 70 Jahre tot ist, erlischt das Copyright, auf das sich die Erben berufen, wenn sie wieder einmal kassieren, weil jemand unerlaubt ein Bild von ihr publiziert.

Dan Turèll aka Onkel Danny

Krimiautor, Beatnik, Enfant terrible der Kopenhagener Szene in den 1970er bis 1990ern – seine Kopenha-gen-Krimis gibt's noch und das hippe Café Dan Turell ist eine Huldigung an ihn.

Sarah Lund

Sofie Gråbøl machte als »Kommissarin Lund« Nor-dic-noir-Serien aus Dänemark weltberühmt und wurde mit ihrem Pullover im Färöer-Strick Stilikone.

Kopenhagener

Fragen Sie in Kopenhagen bloß nicht nach einem Kopenhagener, wenn Sie den Plunder wollen, sondern nach Wienerbrød, Wienerbrot.

Louise Rasmussen

Uneheliches Kind einer Dienstbotin, Tänzerin, Bou-tiquebesitzerin; Geliebte und später 3. Frau – zur linken Hand – von Frederik VII., der sie zur Gräfin Danner machte.